hänssler

Harry Müller

Beziehungen bauen Brücken

Vom offenen Umgang miteinander

bruce und neil porter gewidmet,
die mir den weg zur wichtigsten
aller beziehungsbrücken gewiesen haben

Die Deutsche Bibliothek — CIP-Einheitsaufnahme

Müller, Harry:
Beziehungen bauen Brücken : vom offenen Umgang miteinander /
Harry Müller. — 2. Auflage Neuhausen-Stuttgart : Hänssler, 1994
  (Edition C : T, Taschenbuch ; 304)
  ISBN 3-7751-1891-8
NE: Edition C / T

2. Auflage 1994
EDITION C-Taschenbuch T 304
Bestell-Nr. 56.904
© Copyright 1993 by Hänssler-Verlag, Neuhausen-Stuttgart
Titelbild und Illustration: Friedel Steinmann
Umschlagzeichnung: Friedel Steinmann, Essen
Satz: AbSatz Ewert-Mohr, Klein Nordende
Printed in Germany

NICHT ZU ÜBERSEHEN

Kein Buchprojekt ist eine one-man-show. Die Zusammenarbeit mit Dr. Friedemann Lux und Dr. Bernd Steinebrunner war ermutigend. Ihre scharfen Augen und ihren weisen Rat weiß ich zu schätzen.

* Ulrich Eggers hat trotz vollem Terminkalender als Redaktionsleiter von PUNKT und FAMILY das Vorwort geschrieben. Seine persönliche Art des Umgangs ist für mich ein ermutigendes Vorbild.

* Rick Warren bin ich zu Dank verpflichtet für seinen kreativen und motivierenden Input.

* Meine Sekretärin, Jane Wirz, ist wie immer im Hintergrund am Ball. Ohne ihre administrative Effizienz wären viele gute Ideen versandet.

* Ein besonderer Dank gebührt Joanne. Wie man eine Beziehung trotz Enttäuschungen vertieft, das hast Du in den zwanzig Jahren unserer Ehe vorgelebt — ich bin in der Tat ein glücklicher Mann.

ÜBER DEN AUTOR

Harry Müller ist Gründer und Pastor der Evangeli-
schen Gemeinde Albisrieden (EGA) in Zürich, einer
Gemeinde die nach nichttraditionellem, sucherorien-
tiertem Konzept aufgebaut ist. Er hat in den USA studiert und erhielt einen B.A. vom Florida Bible College
und einen M.A. vom Dallas Theological Seminary.
Zusammen mit seiner Frau Joanne, lebt er seit 1975 in
Zürich.

IM PANORAMA

VORWORT

»Ein Buch über Beziehungen — naja, das ist zweifellos ein wichtiges Thema«, dachte ich. »Aber so etwas brauche ich doch eigentlich nicht unbedingt zu lesen, das ist doch wirklich nicht mein dringendstes Problem...« Geht es Ihnen ähnlich? Ein ganzes Buch über Beziehungen, liegen denn da wirklich so viele Probleme verborgen?

Ja! Ich bin ziemlich sicher, daß Sie nach der Lektüre dieses Buches einen ähnlichen Eindruck haben wie ich: In diesem Thema steckt Sprengstoff! Es könnte sich wirklich etwas ändern, wenn die hier aufgeschriebenen Gedanken und Ratschläge in die Tat umgesetzt werden! Da meinen wir immer, bei der Mehrzahl unserer Probleme in Ehe, Familie, Beruf und Gemeinde ginge es um Sachfragen, um Meinungsunterschiede, theologische oder geistliche Konflikte. Und in Wirklichkeit — das macht dieses Buch ganz deutlich — geht es zuallermeist um Beziehungsprobleme. Nicht im Kopf spielen sich die Probleme ab, im Bauch! Nicht der Verstand ist es, unsere Gefühle sind's! Natürlich, unsere Beziehungsprobleme tarnen sich gerne als »reine Sachfragen«, bzw. wir, ich tarne sie gerne so. Denn ich kann es einfach nicht zugeben, daß ich eigentlich nur verletzt, neidisch, traurig, eifersüchtig oder voller Sehnsucht nach Anerkennung und Liebe bin. Und oft gestehe ich es mir nicht einmal selber ein, daß solche »unreifen« Beweggründe in mir solche Macht haben sollen. Wir tarnen uns, wir verdrängen die wahren Ursachen — und unsere Beziehungen enden in der Einbahnstraße.

Harry Müllers praktische Art hilft hier einen ersten, großen Schritt vorwärts. Die Leser der Ehe- und Familienzeitschrift FAMILY, für die er regelmäßig schreibt, haben Harry Müller schnell liebgewonnen: Seine Texte sind spritzig geschrieben, sehr hilfreich und ehrlich. Ich bin die Brücke gegangen, die dieses Buch baut. Und ich habe dabei eine Fülle guter Ideen und handfester Ratschläge bekommen. Kommen Sie mit?

Ulrich Eggers,
Redaktionsleitung FAMILY, Cuxhaven

Deine Vergangenheit loslassen

Ich meine nicht, daß ich schon vollkommen bin und das Ziel erreicht habe. Ich laufe aber auf das Ziel zu, um es zu ergreifen, nachdem Jesus Christus von mir Besitz ergriffen hat. Ich bilde mir nicht ein, Brüder, daß ich es schon geschafft habe. Aber ich lasse alles hinter mir und sehe nur noch, was vor mir liegt. Ich halte geradewegs auf das Ziel zu, um den Siegespreis zu gewinnen. Dieser Preis ist das neue Leben, zu dem Gott mich durch Jesus Christus berufen hat (Philipper 3, 12 - 14).

Drei amerikanische Geschäftsleute saßen in ihrem Klub zusammen und suchten nach einer Definition des Begriffs »Berühmtheit«.

Der erste sagte: »Eine Berühmtheit ist, wer zu einem Gespräch mit dem Präsidenten ins Weiße Haus gebeten wird.«

»Wenn während der Unterredung das rote Telefon klingelt und der Präsident keine Anstalten macht, es abzuheben, dann ist man wirklich eine Berühmtheit«, schränkte der zweite ein.

»Nein«, sagte der dritte, »sondern wenn der Präsident den Hörer abhebt und ihn dann mit den Worten ›Es ist für Sie‹ dem Betreffenden übergibt.«

Das Bedürfnis nach Position, Einfluß und Stellung ist im Ich der meisten Menschen tief verankert. Vor einiger Zeit saß ich mit einem jungen, erfolgreichen

Geschäftsmann beim Mittagessen. Im Verlauf des Gespräches gestand er ganz ehrlich, daß Geld, Macht und Prestige die drei großen Versuchungen seines Lebens seien.

Mancher zahlt einen hohen Preis, um sein *Bedürfnis nach Bedeutung* zu befriedigen. Der eine opfert seine Gesundheit, beim andern geht die Ehe drauf und beim dritten müssen Freundesbeziehungen dran glauben.

Ein bekannter Schweizer Gartenbaumultimillionär, hat in einem Fernsehinterview durchblicken lassen, daß er weit über 100 Liegenschaften besitze. Der Interviewer fragte, wann es denn für ihn genug sei. Darauf der Unternehmer wörtlich: »Für mich gibt es keine Grenze.«

Das nennt man grenzenlosen Ehrgeiz! Das Bedürfnis nach Bedeutung kann kolossale Formen annehmen. Es gibt Leute, die definieren ihren Selbstwert auf der Basis ihres Steuerwertes. So im Stil von »Du bist, was Du hast«!

Zum Glück mißt Gott nicht mit menschlichen Maßstäben. Sein Wertesystem unterscheidet sich von unserem! Überdenke diese Perspektive:

1. Du bist für Gott von Bedeutung

Bill Hybels, Pastor einer großen Gemeinde in Chicago, hat auf einer Konferenz folgendes gesagt:

> Du hast noch nie einem Menschen in die Augen geschaut, der für Gott nicht von Bedeutung ist. Und

das trifft zu, selbst wenn *du* in den Spiegel schaust. Wenn diese Wahrheit anfängt, dich innerlich zu ergreifen, dann wirst du nie wieder derselbe sein. Du wirst mit Ehrfurcht beginnen, das Ausmaß und die Tiefe der Liebe Gottes zu verstehen, und du wirst Menschen anders behandeln.

Im tiefsten Herzen sind wenige von uns davon überzeugt, daß wir wirklich wichtig genug sind, um für Gott von Bedeutung zu sein. Wir wissen doch, *wer* wir sind, und wir wissen, *was* wir sind. In unserem Denken meinen wir, daß nur die Großen, wie Luther, Zwingli, Calvin, Spurgeon, Wesley oder Billy Graham oder Mutter Theresa, bei Gott Gewicht haben.

Wir liegen grundfalsch

Tatsache ist, daß Jesus einen großen Teil seiner Zeit mit den Unreligiösen, den Unerwünschten und Unbequemen verbracht hat. Also mit genau den Leuten, von denen *wir* meinen, sie seien für Gott nicht wichtig.

Die Pharisäer, die konservativen Frommen damals, dachten genauso. Sie schüttelten ihre Köpfe, regten sich auf und sagten: »Er läßt das Gesindel zu sich! Er ißt sogar mit ihnen!« (Lukas 15,2).

Jesus wußte genau, was sie dachten, und deshalb erzählte er ihnen drei Geschichten aus dem Alltag: Das Gleichnis vom verlorenen Schaf, das Gleichnis von der verlorenen Münze und das Gleichnis vom verlorenen Sohn (Lukas 15,1-32). Er wollte den Pharisäern ein für allemal zeigen, wer für Gott wichtig ist.

Was die drei Geschichten verbindet, ist folgendes: Ob *ein* Schaf aus hundert, *eine* Münze aus zehn oder *ein* Sohn von zweien verloren geht, spielt keine Rolle. Das eine Schaf, die eine Münze und der eine Sohn waren von großer Bedeutung für die Betroffenen. Das ist der springende Punkt dieser drei Gleichnisse: Jedes Individuum ist kostbar in den Augen Gottes. Daher die Aussage: »Ich sage euch: genauso freuen sich die Engel Gottes über einen einzigen Sünder, der ein neues Leben anfängt« (Lukas 15,10).

Der abgestürzte Sohn

Sein Leben war verpfuscht und sein Geld vergeudet. Trotzdem wartete der Vater auf ihn. Gottes Liebe wartet selbst nach Jahren der Ablehnung, nach Jahren des Rennens nach Geld, Macht und Prestige oder was sonst noch.

Die Geschichte des verlorenen Sohnes macht es deutlicher als viele Worte: Gottes Liebe sucht den, der neben den Trümmern seines Lebens steht. Auch als abgestürzte Figur, mit ruiniertem Selbstbewußtsein, bist du für ihn von Bedeutung.

Uns macht es Mühe, solche Liebe zu verstehen. In der Welt, in der wir leben, geht es anders zu. *Unsere* Liebe ist an Bedingungen geknüpft, sie hat ihre Grenzen. Bill Hybels hat recht: Wenn wir das Ausmaß der Liebe Gottes erkennen, werden wir Menschen anders begegnen.

2. Dein Umgang mit der Vergangenheit ist von Bedeutung

Wenn du als Persönlichkeit für Gott wichtig bist, dann ist auch deine Vergangenheit wichtig. Die hat dich ja schließlich geprägt. Die Eltern, die Familie, die Lehrer, der Freundeskreis, das berufliche Umfeld, die eigenen Entscheidungen — all das hat bei jedem von uns Spuren hinterlassen. Waren diese Einflüsse negativ, dann besteht die Gefahr, daß meine Gegenwart von der Vergangenheit auch negativ geprägt wird.

Unsere natürliche Tendenz ist es, die Schuld für unsere Schwierigkeiten auf andere abzuwälzen. Aber meine Vergangenheit kann auch belastet sein durch Fehler, die ich selbst fabriziert habe. Von einer solchen Situation spricht Paulus im Philipperbrief:

> Ich bilde mir nicht ein, Brüder, daß ich es schon geschafft habe. Aber ich lasse alles hinter mir und sehe nur noch, was vor mir liegt (Philipper 3,13).

Paulus hatte Grund genug, sich von seiner Vergangenheit belastet zu fühlen. Christen gingen ihm früher auf den Wecker, er konnte sie nicht riechen und entwickelte einen militanten Haß gegen sie: »Saulus aber setzte alles daran, die Gemeinde Jesu auszurotten. Er schleppte die Christen aus ihren Häusern und ließ sie — Männer wie Frauen — ins Gefängnis werfen« (Apostelgeschichte 8,3).

Keiner von uns ist ein unbeschriebenes Blatt. Jeder hat seine Vergangenheit, und manch einer schleppt eine belastete Biografie mit sich herum. Eine Frau dachte einige Zeit nach der Hochzeit über ihre Ehe nach und sagte zu dem Pastor, der sie getraut hatte: »Damals bei der Trauung hatte ich keine Ahnung, wieviel emotionellen Abfall ich in unsere Beziehung hineintrug.«

Solch *emotioneller Abfall* kommt gewöhnlich in mehreren Varianten:

* *Wir rekapitulieren unseren Ärger.* Das heißt, wir brüten immer und immer wieder über den Dingen, die uns andere angetan haben, wir regen uns auf über die Ungerechtigkeit, die uns widerfahren ist, und werden innerlich verbittert.

* *Wir rekonstruieren unser Leid.* Das heißt, wir bedauern uns selbst für die Dinge, über die wir keine Kontrolle haben. Wir baden im Selbstmitleid.

* *Wir rekrutieren unsere Schuld.* Das heißt, wir klagen uns selbst an für die Fehler unserer Vergangenheit und erwecken altes Versagen zu neuem Leben. Natürlich ist die Folge davon eine schleichende Entmutigung.

Denkst du, daß unser Umgang mit Ärger, Leid und Schuldgefühlen einen Einfluß hat auf die Beziehungen zu den Menschen um uns herum? Aber sicher! Wer gesunde Beziehungen bauen will, muß mit seiner Vergangenheit klarkommen.

Und das ist − wie Paulus schreibt − der Kern der ganzen Sache:

Vergiß die Vergangenheit und ziele auf die Zukunft!

Vielleicht sagst du: Das ist ja großartig, aber wie mache ich das in der Praxis? Wie kann ich meine Vergangenheit vergessen? Dazu drei biblische Schlüssel:

1) Laß deinen Groll los!

> Weg also mit aller Verbitterung, mit Aufbrausen,
> Zorn und jeder Art von Beleidigung! ... Seid
> freundlich und hilfsbereit zueinander und vergebt
> euren Mitmenschen, so wie Gott euch durch Chri-
> stus vergeben hat (Epheser 4,31-32).

Was steht da: »*Weg* mit aller Verbitterung!«

Groll ist nicht harmlos. Hüte dich davor, sagt Gottes Wort.

Weg damit, laß los, hör auf, zieh einen Schlußstrich.
Leute, es gibt wenige Dinge im Leben, die unsere Beziehungen zu anderen schneller ruinieren als Groll.
Wer Unversöhnlichkeit nicht aufgibt, der zerstört
langsam aber sicher seine Brücken zu seinen Mitmenschen.

Und nicht nur das. Wenn ich verbittert bin, dann
schadet das niemandem mehr als mir selbst. Der andere, gegen den sich mein Ärger richtet, der weiß sehr
wahrscheinlich von nichts und genießt sein Leben,
während ich im Saft von meinem eigenen Ärger
schmore und koche. *Ich* bin derjenige, der leidet.

Noch ein dritter Aspekt: Egal, wie sehr du dich är-
gerst und zürnst, Groll ist niemals fähig, die Vergangenheit zu ändern. Groll löst keine Probleme, er ver-
kompliziert sie nur und beginnt den Grollenden zu
dominieren.

Jeder von uns wird unweigerlich von anderen verletzt. Manche von uns werden damit nur schwer fertig. Sie fressen ihren Zorn in sich hinein und tolerieren es, daß Menschen aus ihrer Vergangenheit ihre
Gegenwart ruinieren. Das ist tragisch.

Laß los! Paulus sagt: Weg damit, mach einen Punkt, hör auf! Deine Vergangenheit ist vergangen, sie kann dich nicht verbittern ohne deine Erlaubnis.

> Du bringst dich um mit deinem Ärger! So sinnlos kann doch nur ein Dummkopf handeln! (Hiob 5,2).

Laß mich dich fragen: Gegen wen richtet sich *deine* Verbitterung?

Groll hat grausames Potential. Manche Leute haben einen stillen Zorn über jemanden jahrelang angestaut. Dann stirbt diese Person. Aber der Groll stirbt in aller Regel nicht mit, er lebt weiter. Und was ist die Folge davon? Der eigene Ehepartner muß dafür bezahlen. Die Bitterkeit wirkt sich dann über denen aus, die einem am nächsten stehen. Wie unfair!

Laß deinen Hader gehen!! »Tragt es keinem nach, wenn er euch Unrecht getan hat, sondern vergebt einander, wie der Herr euch vergeben hat« (Kolosser 3,13).

Wenn du sinnvolle Beziehungen zu anderen aufbauen willst, gibt es nur eine Alternative: *Vergib jedermann genauso, wie Gott dir vergeben hat.*

2) Laß deinen Gram los!

Leid ist leider ein unausweichlicher Begleiter unseres Lebens. Jeder erlebt früher oder später persönlichen Verlust, und das schmerzt. Trauer ist ein Bestandteil unserer Erfahrung.

Es ist nicht falsch, Leid zu tragen und zu trauern. Das Neue Testament sagt: »Selig sind die Trauernden; denn sie werden getröstet werden« (Matthäus 5,4; Einheitsübersetzung). Aber es besteht ein Unterschied zwischen *Trauern* und *Jammern.* Wer jammert, der feiert die große Mitleidsparty. Die Folge davon ist Selbstisolierung. Mein Selbstmitleid baut Mauern um mich herum. Statt Brücken werden so Barrieren errichtet in den Beziehungen zu andern. Willst du das vermeiden, dann *erlaube deinem Kummer nicht, daß er dich gefangen nimmt!*

Wie kann ich mit persönlichem Schmerz umgehen? In 2. Samuel 12 wird ein Ereignis aus dem Leben des Königs David berichtet, das aufschlußreich ist. David hatte zuviel Zeit und zuwenig Disziplin. Er sah sich mit einer moralischen Versuchung konfrontiert, der er nicht widerstehen konnte. Batseba beim Bad! Eine außergewöhnlich schöne, verheiratete Frau, und er beobachtet sie im Garten. Ein stilles Klopfen an ihrer Tür hat ihre Pläne für den Rest der Nacht und den Rest ihres Lebens total verändert. Sie wird schwanger, und um die Sache zu vertuschen, läßt David ihren Mann aus dem Weg räumen.

Alles okay, die Sache ist sauber geritzt — so dachte David. Aber seine Traumnacht wurde zum Alptraum. Das außereheliche Kind erkrankte schwer, es starb trotz intensivstem Beten und Fasten des Königs (1. Samuel 12, 16-18).

Wie ist David mit seinem Schmerz umgegangen? Drei Reaktionen sind ersichtlich, und die helfen auch uns heute noch:

* Akzeptiere, was sich nicht ändern läßt.

Solange das Kind noch lebte, dachte ich: Vielleicht hat der Herr doch noch Erbarmen mit mir und läßt es am Leben. Aber nun ist es tot; warum soll ich da noch fasten? Ich kann das Kind ja doch nicht wieder zum Leben erwecken (2. Samuel 12,22-23).

David hat seine Schuld voll erkannt und er hat sie bekannt: Psalm 51 berichtet davon. Aber hier geht es jetzt darum, daß er das Unabänderliche akzeptiert hat. Das Leben geht weiter.

Was geschehen ist, ist passiert. Was sich nicht ändern läßt, muß angenommen werden. Gott ist immer noch Gott. Sein Plan mit David ist nicht zu Ende. Wenn auch die Folgen der Affäre mit Batseba sich weiter auswirkten.

∗ Intensiviere deine Anbetung

Sogleich stand David vom Boden auf, wusch und salbte sich und zog frische Kleider an. Dann ging er ins Heiligtum und warf sich vor dem Herrn nieder 2. Samuel 12,20).

Der Absturz Davids war gravierend. Aber er lamentierte nicht über die tragischen Folgen, sondern suchte die Gegenwart Gottes. Die beste Therapie für ein gebrochenes Herz ist das Gespräch mit Gott!

∗ Konzentriere dich auf das, was ist, nicht auf das, was war.

Dann ging David zu Batseba und tröstete sie. Er schlief mit ihr, und sie bekam wieder einen Sohn. David nannte ihn Salomo (2. Samuel 12,24).

David hätte den Rest seiner Tage in Selbstmitleid und Isolation verbringen können. Sein Fehler und der Tod seines Kindes waren tragisch. Aber er hat seine Perspektive geändert. Er schaute nicht zurück, sondern aufwärts und vorwärts.

Laß deinen Groll los und brüte nicht über deinem Leid! Und noch ein dritter Faktor gehört zur Vergangenheitsbewältigung:

3) Laß dein Gewissen los!

Hier geht es um *Schuldgefühle,* die unsere Beziehungen zu andern blockieren. Es gibt echte und falsche Schuldgefühle, solche, die auf tatsächlicher Schuld beruhen und solche, die wir uns selbst einreden.

Das Gegenmittel Gottes für unsere echte Schuld ist seine Vergebung. Gott verharmlost unsere Sünde nicht, aber er vergibt sie, und zwar *unentgeltlich* (Römer 3, 23 - 24) und *unwiderruflich* (Kolosser 2, 13 - 14) — nämlich durch seinen Sohn Jesus Christus, der den Preis der Sünde mit seinem eigenen Tod bezahlt hat.

Nun gibt es aber Menschen, die haben das Angebot der Vergebung Gottes wohl angenommen, aber sie halten sich immer noch an ihren Schuld*gefühlen* fest. Manche Leute führen ein persönliches Zerknirschungsregister. Sie führen emotionell Buch über all das, was sie falsch gemacht haben. Die Schuldgefühle aus der Vergangenheit lähmen so die Gegenwart.

Wie kann ich von meinem anklagenden Gewissen befreit werden?

Es gibt zwei Möglichkeiten:

* Der falsche Weg: Judas

Judas hat Jesus verraten, Petrus hat ihn verleugnet. Beide haben jämmerlich versagt, aber sie sind mit ihrem Versagen auf ganz unterschiedliche Weise umgegangen.

Judas hat auf seinen Verrat mit Selbstverdammnis reagiert: »Als der Verräter Judas erfuhr, daß Jesus zum Tod verurteilt worden war, packte ihn die Reue ... er lief fort und erhängte sich« (Matthäus 27,3+5).

Selbstmord ist die endgültige Form der Selbstverdammnis. Viele Menschen leben in der Selbstverdammnis, ohne daß sie diesen drastischen Weg gehen, aber sie quälen sich selbst und kapseln sich ab.

* Der richtige Weg: Petrus

Die Reaktion des Petrus war nicht Verdammnis, sondern Bekenntnis.

> Und Petrus erinnerte sich an das, was Jesus gesagt hatte: Ehe der Hahn kräht, wirst du mich dreimal verleugnen. Und er ging hinaus und weinte bitterlich (Matthäus 26,75; Einheitsübersetzung).

Petrus bekannte sein Versagen und ging weiter. Wie wissen wir das? Weil Petrus, der Apostel, der Christus nach der Kreuzigung verleugnet hat, fünfzig Tage später in Jerusalem predigt, und 3000 Menschen finden eine persönliche Beziehung zu Gott.

Erstaunlich: Das ist der Gott der zweiten Chance!

Wir sahen drei Methoden, wie wir unsere Vergangenheit bewältigen können:

* Laß deinen Groll los über die Verletzungen durch andere.
* Laß deinen Gram los über das Leid außerhalb deiner eigenen Kontrolle.
* Befreie dein Gewissen von selbstverursachter Schuld.

Beides, deine Persönlichkeit und deine Vergangenheit, beeinflussen den Umgang mit andern. Ob es Groll, ob es Gram oder ob es das Gewissen ist: Laß los, sonst wirst du nicht losgelassen. In Christus ist deine Vergangenheit vergeben und vergessen: *Gott ist ein Gott der zweiten Chance!*

Jeder Mensch ist für ihn wichtig, auch du mit allen deinen Schwächen.

Diese Erkenntnis wird deinen zwischenmenschlichen Umgang revolutionieren.

Hilfe zur Selbsthilfe

Allein geht man ein! Jeder von uns braucht Beziehungen zu andern. Das Problem ist nur, daß es genau da sehr oft hapert. Keiner von uns ist ja ein unbeschriebenes Blatt. Wir haben davon geredet, daß die meisten von uns emotionellen Abfall mit sich herumtragen. Als persönliches Projekt möchte ich dir Mut machen, diesen Abfall loszuwerden. Welcher der drei besprochenen Bereiche betrifft dich?

1) Laß deinen Groll los:

Gegen wen richtet sich deine Verbitterung: deine Mutter, deinen Vater, einen Bruder, eine Schwester, eine Ex-Freundin, deinen Ex-Partner, deinen Boß, vielleicht deinen Pastor oder einen Mitarbeiter in der Gemeinde?

Bitte lies jetzt nicht sofort weiter. Nimm dir einen Moment Zeit zum Nachdenken: Gegen wen richtet sich mein Groll? Notiere dir den Namen der Person:

Egal, wer es ist, bring die Sache in Ordnung. Zieh einen Schlußstrich. Endgültig! Eine verbitterte, nachtragende Einstellung frißt dich innerlich auf. Ist ein Gespräch nötig, geh hin und tue, was du tun mußt. Wenn ein Gespräch nicht möglich ist, dann vergib trotzdem, deiner eigenen Seelenhygiene zuliebe.

2) Laß deinen Gram los:

Welche schmerzliche Erfahrung plagt dich im Moment? Notiere, was dir in dieser Situation am meisten Mühe macht:

Überdenke zwei Alternativen, wie du konstruktiv handeln könntest. Was läßt sich tun, um den Schmerz loszulassen?

a) _____   b) _____

Wir müssen lernen, das Unausweichliche zu akzeptieren. Hast du eine Mauer um dich herum gebaut? Hast du Angst davor, andere hinter deine traurigen Kulissen blicken zu lassen? Du brauchst Freunde, und zwar nicht nur, wenn es dir schlecht geht. Bitte schließe dich verbindlich einer Kleingruppe deiner Gemeinde an. Dort ist es möglich, Brücken zu anderen zu bauen, anstatt sich dem Selbstmitleid hinzugeben.

Überdenke 2. Korinther 1,8-9.

3) Laß dein Gewissen los:

Trägst du Schuldgefühle aus der Vergangenheit mit dir herum? Gibt es Dinge, die dir immer wieder Gewissensbisse verursachen und dich belasten? Notiere sie:

_____

Was kannst du tun, um da loszulassen?

_____

Mit Schuld zu leben, das ist so, als wollte man mit angezogenen Bremsen Auto fahren. Christus wurde ans Kreuz genagelt, damit du aufhören kannst, dich selbst zu kreuzigen. Wenn du mit der Schuldfrage nicht klarkommst, zögere nicht, eine Aussprache zu suchen mit einem Christen in deiner Gemeinde, der weiß, wo's langgeht.

Studiere Römer 8,33-34.

Deine Anerkennung ausdrücken

Paulus und Timotheus, die im Dienst Jesu Christi stehen, schreiben diesen Brief an alle in Philippi, die durch Jesus Christus zu Gottes Volk geworden sind, an die ganze Gemeinde mit ihren Leitern und Helfern:

Wir bitten Gott, unseren Vater, und Jesus Christus, den Herrn, euch Gnade und Frieden zu schenken!

Immer, wenn ich für euch bete, bin ich voll Dank gegen Gott. In jedem meiner Gebete denke ich an euch, und es erfüllt mich mit Freude, daß ihr euch so eifrig für die Gute Nachricht einsetzt, seit dem Tag, an dem ihr sie angenommen habt, bis heute. Ich bin ganz sicher: Gott wird sein Werk, das er bei euch angefangen hat, auch vollenden bis zu dem Tag, an dem Jesus Christus kommt.

Wenn ich an euch denke, bin ich voll Zuversicht. Ich kann gar nicht anders, denn ich trage euch alle in meinem Herzen, gerade jetzt, da ich für die Gute Nachricht im Gefängnis bin und sie vor Gericht verteidige und ihre Wahrheit bezeuge. Ihr alle habt teil an der Gnade, die Gott mir damit erweist. Er weiß auch, wie sehr ich mich nach euch allen sehne. Ich liebe euch so, wie Jesus Christus euch liebt (Philipper 1,1-8).

Dale Carnegie war ein Menschenkenner von seltener Statur. Wer lernen will, wie man Brücken zu seinen Mitmenschen baut, der kann von seinen Ratschlägen nur profitieren. In seinem Bestseller *Wie man Freunde gewinnt* fragt er:

Wozu ein Buch lesen, um herauszufinden, wie man Freunde gewinnt? Warum nicht die Methode des kompetentesten Sachverständigen auf diesem Gebiet studieren? Wer das ist? Sie können ihm morgen schon auf der Straße begegnen. Sobald Sie ihm auf fünf Meter nahe sind, beginnt er mit dem Schwanz zu wedeln. Wenn Sie stehenbleiben und ihn streicheln, fährt er beinahe aus der Haut, um Ihnen zu zeigen, wie gut er Sie mag. Dabei wissen Sie genau, daß sich hinter seinen Sympathiekundgebungen keine Nebenabsichten verbergen: Er will Ihnen kein Grundstück verkaufen, und er will Sie auch nicht heiraten. Haben Sie je daran gedacht, daß der Hund das einzige Tier ist, das sich seinen Lebensunterhalt nicht verdienen muß? Ein Huhn muß Eier legen, ein Kanarienvogel muß singen, aber ein Hund verdient sein Leben einzig und allein damit, daß er Sie gern hat.

Dale Carnegie, *Wie man Freunde gewinnt,* Scherz Verlag, Bern und München, 1938, S. 79.

Carnegie hat recht, kein Hund hat je ein Buch über Psychologie gelesen. Er hat das nicht nötig. Sein natürlicher Instinkt sagt ihm: Wer sich aufrichtig für andere interessiert, der gewinnt Herzen.

Wir sahen im ersten Kapitel, daß gesunde Beziehungen auf einer gesunden Bewältigung der Vergangenheit beruhen. Das setzt jedoch voraus, daß wir lernen, unsere Gefühle nicht zu verdrängen, sondern zu verarbeiten und auszudrücken.

1. Ehrlich im Gefühlshaushalt

Wir wünschen uns Beziehungen, in denen wir vollkommen offen sein können. Beziehungen, wo wir zu unseren Schwächen und Stärken stehen können. Wo wir vertraulich unsere Zweifel und Ängste aussprechen können. Gott will, daß wir solche echten Beziehungen erfahren. Aber wie oft erleben wir das wirklich? Gelegentlich? Einmal im Leben? Nie?

Ich glaube, der Grund, wieso transparente Beziehungen so selten sind, ist, daß wir die Grundvoraussetzung dazu oft nicht erfüllen, und diese Voraussetzung ist *Ehrlichkeit* — Ehrlichkeit im Umgang mit den eigenen Gefühlen, aber auch im Umgang mit den Gefühlen von andern. Denn jedes Vertrauen basiert auf Wahrhaftigkeit. Deshalb lehrt das Neue Testament: »Legt die Lüge ab, und redet untereinander die Wahrheit; denn wir sind als Glieder miteinander verbunden« (Epheser 4,25; Einheitsübersetzung).

Wahrhaftigkeit mit mir selbst und mit andern ist die Voraussetzung für tiefere Beziehungen. Wenn ich meine eigenen Gefühle verdränge, bekomme ich früher oder später Schwierigkeiten. Wenn ich die Bedürfnisse von andern mißachte, dann werden unweigerlich meine Beziehungen gestört.

Der ehrliche Umgang mit den eigenen Gefühlen ist so wichtig, daß wir in einem späteren Kapitel darauf noch zurückkommen. Offenheit im Umgang mit den Bedürfnissen der andern, damit befassen wir uns in diesem Kapitel. Ich möchte dabei ein Wort herausstreichen, das unsere Beziehungen zueinander revolutionieren kann: *Anerkennung!*

2. Wieso ist Anerkennung wichtig?

Der Komiker Woody Allen hat in einem Interview in aller Ehrlichkeit von sich selbst gesagt: »Mich fasziniert nur mein eigener kleiner Mikrokosmos.« Die meisten Leute leben in der Steigerung: »Ich, icher am ichsten.« In einem Lied von Theo Lehmann heißt es an einer Stelle:

> Erst komm ich und dann komm ich.
> Pausenlos geht es um mich.
> Was mich aus dem Strudel reißt,
> ist, Herr, dein Geist.

Es ist Gott, der uns aus dem Strudel der Ichbezogenheit holt. Wer den Schritt zu Jesus hin gemacht hat, kann frei werden vom Zwang, immer im Mittelpunkt stehen zu müssen.

Aber trotzdem bleibt in allen von uns das Verlangen nach Anerkennung, das ist zutiefst im menschlichen Wesen verwurzelt. Es kommt nicht von ungefähr, daß Paulus in seinen Briefen immer wieder seine Leser ermutigt, anspornt und bestätigt. So schreibt er an die Thessalonicher:

> Jedesmal, wenn wir beten, denken wir an euch und danken Gott, unserem Vater, für euch alle. Wir erinnern uns ständig daran, wie bewährt euer Glaube ist und wie tätig eure Liebe und wie unerschütterlich eure Hoffnung darauf, daß Jesus Christus, unser Herr, kommt (1. Thessalonicher 1, 2-3).

Paulus anerkennt die Fortschritte der Thessalonicher, seine Worte sind für sie eine Rückenstärkung
und eine Unterstützung auf dem weiteren Weg. Später im selben Brief ergänzt er seine Aussage: »Macht
euch also gegenseitig Mut! Einer soll dem anderen
weiterhelfen, wie ihr es ja schon tut« (1. Thessalonicher 5,11).

Das menschliche Bedürfnis nach Anerkennung ist
so elementar, daß sogar die Geschäftswelt darauf ein-
geht. In der Ausgabe vom November 1990 des *Deutschen Manager-Magazins* wird vom BP-Konzern berichtet und wie der seine Mitarbeiter motiviert. Zitat
des Arbeitsdirektors der BP-AG in Hamburg: »Gute
Resonanz hat bei uns ein ›Anerkennungsprogramm‹
gefunden, das Vorgesetzten ermöglicht, spontan für
gute Leistungen ein ›Danke‹ zu sagen. Jeder Linien-
vorgesetzte hat dafür 100 DM pro Mitarbeiter zur frei-
en Verfügung.«

Gottes Wort lehrt es, die Geschäftswelt praktiziert
es — wieso sind Ermutigung und Anerkennung so
wichtig? Die Antwort ist einfach. Jedesmal, wenn du
jemandem ein Kompliment machst, sei es deine
Frau, dein Mann, deine Kinder, dein Freund, dein
Mitarbeiter oder wer auch immer, jedesmal wenn du
jemandem Anerkennung zollst, *bestärkst du ihn in
seinem Selbstwertempfinden!*

Das ist ein Grundgesetz im Umgang mit Menschen!
Wer es befolgt, wird Beziehungen von bleibendem
Wert bauen. Wer es mißachtet, schafft selbst immer
wieder Ärger. Dies ist die Herausforderung:

*Bestärke den andern ohne Vorbehalt in seiner Selbst-
achtung!*

Dein eigenes Wohlbefinden und das deines Mitmenschen hängt von einem intakten Selbstwertgefühl ab. Jede ehrliche Anerkennung fördert den persönlichen Selbstwert.

Wer also sinnvolle Beziehungen bauen will, der muß dieses Prinzip beachten. Jesus hat es so formuliert: »Behandelt die Menschen so, wie ihr selbst von ihnen behandelt werden wollt — das ist alles, was das Gesetz und die Propheten fordern« (Matthäus 7,12).

Menschen hungern nach Anerkennung — wer ist es in deiner Umgebung, der Bestätigung braucht?

3. Was soll ich anerkennen?

* Würdige Treue:

Immer bin ich meinem Gott dankbar, wenn ich an euch denke, und das tue ich in jedem meiner Gebete mit großer Freude. Denn ihr habt euch vom ersten Tag an bis heute mit mir für das Evangelium eingesetzt (Philipper 1,3-4; Hoffnung für alle).

Menschen, die treu zu dir gestanden sind über Jahre hinweg, verdienen Anerkennung. Dein Partner, der alle deine Marotten und Macken tagein tagaus ertragen muß, verdient es, gewürdigt zu werden.

Er arbeitet jeden Tag, um die Brötchen heimzubringen! Wann hast du deinem Mann das letzte Mal für seine Treue und Zuverlässigkeit gedankt?

Sie schmeißt den Laden zu Hause, erzieht deine Kinder, wäscht deine Klamotten und kocht deinen

Kohl. Wann hast du ihr das letzte Mal gedankt für »treu geleistete Dienste«?

Die folgende Geschichte ist nicht wirklich geschehen, aber sie kommt der Wahrheit so nahe, daß sie mir nur zu realistisch scheint: Eine Bauersfrau setzte ihren Männern am Ende eines harten Arbeitstages einen Haufen Heu vor. Als diese voll Entrüstung wissen wollten, ob sie eigentlich verrückt sei, meinte sie: »Ach, ich dachte gar nicht, daß ihr das merken würdet. Da habe ich nun zwanzig Jahre lang für euch Männer gekocht, und nie hat einer den Mund aufgemacht, um mir zu sagen, daß es nicht bloß Heu war, was ich auf den Tisch brachte.«

Anerkennung der Treue zu Hause — da können manche von uns noch tüchtig lernen. Aber auch bei der Anerkennung der Treue in der Gemeinde gibt es oft einen großen Nachholbedarf.

* Würdige Unterschiede:

Ertragt euch gegenseitig, und vergebt einander, wenn einer dem andern etwas vorzuwerfen hat. Wie der Herr euch vergeben hat, so vergebt auch ihr! (Kolosser 3,13).

Was sagt Paulus hier? Beharre nicht darauf, daß jedermann so sein muß wie du. Meistens gehen wir davon aus, daß die andern so sein sollten wie wir: gleiche Denkweise, gleiches Empfinden, gleiches Verhalten, gleiche Ziele, gleiche Interessen und und und . . .

Danke Gott, daß es nicht nur eine Sorte Konfitüre gibt; das belebt das Frühstück.

Jeder von uns ist anders, keine zwei Menschen sind identisch. Jeder hat seine Eigenheiten, und es ist ein Zeichen der Reife, wenn wir lernen, selbst mit den Menschen Spaß zu haben, die anders verdrahtet sind als wir.

Wenn du verheiratet bist, dann weißt du, daß Gott den Humor hat, ganz gegensätzliche Menschen zusammenzuführen: Der eine ist ein Frühaufsteher, der andere kommt nicht auf Touren, bis es 11 Uhr ist. Der eine ist ein Abenteurer, der andere ein Angsthase. Der eine redet ununterbrochen, der andere ist sprachlos. Der eine hat Konsumitis, der andere hockt auf jeder Mark. Der eine ist ein rotglühender Romantiker, der andere ein Eiswürfel.

Die Tatsache ist, jeder von uns hat seine Eigenheiten und wir müssen in- und auch außerhalb der Ehe lernen, mit diesen Unterschieden zu leben.

»Einander ertragen« heißt mehr als sich nur tolerieren. Es heißt, Unterschiede zu akzeptieren. Wer mit dieser Einstellung lebt, der baut Beziehungen und er baut Charakter.

∗ Würdige Bemühungen

Denn Gott ist nicht ungerecht. Er vergißt nicht, was ihr getan habt und wie ihr aus Liebe zu ihm anderen Christen geholfen habt und immer noch helft (Hebräer 6,10; Hoffnung für alle).

Du sollst deinen Vater und deine Mutter ehren! Dies ist das erste Gebot, das Gott mit einer Zusage verbunden hat ... (Epheser 6,2; Hoffnung für alle).

Gott hat im Gegensatz zu uns keine Probleme mit Vergeßlichkeit. Ich habe kürzlich eine Einladung zum Abendessen vergessen. Aufgeschrieben im Terminkalender, aber nicht aufgekreuzt beim Gastgeber. Da hat die liebe Frau gekocht und keiner ist gekommen. Gott ist zum Glück nicht so! Er vergißt unsere *Termine mit ihm* nicht, und er vergißt auch unsere *Taten für ihn* nicht. Anerkennung für Bemühung steht bei ihm fest!

Und jetzt denk an deine Eltern. Hast du dir schon überlegt, wie wenig wir ihre enormen Anstrengungen würdigen? Wer selber Kinder hat, der weiß, was Eltern investieren an Zeit, Energie und Liebe. Wenn unser Glaube an Gott real ist, dann wirkt er sich zuallererst zu Hause aus, in der Beziehung zu denen, die uns am besten kennen. Wie wir unsere Eltern behandeln, ist ein Gradmesser des Glaubens. Wann hast du deinen Eltern das letzte Mal dafür gedankt, daß sie dich großgezogen haben?

Ob sie gute Eltern waren oder nicht — sie verdienen auf Grund ihrer Stellung deinen Respekt und deine Anerkennung: »Achte deine Eltern, du verdankst ihnen das Leben« (Sprüche 23,22).

Du fragst: Wieso Aufhebens darum machen? Weil diese Angelegenheit so wichtig ist, daß Gott sie sogar in den Zehn Geboten verankert hat.

Wenn wir bessere Beziehungen zu andern bauen wollen, dann müssen wir anfangen, Menschen anzuerkennen für ihre Treue, ihre Unterschiede und ihre Bemühungen. Bleibt noch die Frage, wie man denn vorgeht; wie sieht diese Anerkennung konkret aus?

4. Wie ermutige ich?

1) Es muß ehrlich sein

Geheuchelte Anerkennung ist nichts wert. Wenn das, was wir sagen, nur Zuckerwasser ist, womöglich noch mit versteckten Motiven dahinter, dann kannst du es gleich vergessen. Der andere ist doch kein Trottel. Er merkt es sehr rasch, ob du mit deinem Kompliment ehrlich bist oder ob du ihn nur einbuttern willst.

> Eure Liebe muß aufrichtig sein. Verabscheut das Böse, tut mit ganzer Hingabe das Gute! In der Gemeinde soll einer den anderen als Bruder herzlich lieben und ihn höher stellen als sich selbst (Römer 12,9-10).

Anerkennung muß echt sein und von Herzen kommen, ohne versteckte Motive, ohne vom andern etwas zu wollen, ohne Nebenabsichten. Ob mir mein Gegenüber sympathisch ist oder nicht, er ist für Gott von Bedeutung und verdient meine ehrliche Anerkennung.

2) Es muß eindeutig sein

Männer haben im allgemeinen mehr Mühe, ihre Anerkennung zum Ausdruck zu bringen, als Frauen. Mancher sagt sogar: »Ich muß meine Frau nicht ständig loben, sie weiß es auch ohne Worte, daß ich ihre Arbeit schätze!« — Wirklich? Wie soll sie es wissen, wenn du es ihr nicht sagst und zeigst?

Oder man sagt: »Das ist nicht meine Art, ich kann meine Gefühle nicht ausdrücken.«— Nun, man kann immer lernen. Wer begriffen hat, wie enorm wichtig die ehrliche und verständliche Anerkennung seines Partners ist, der wird sich ändern wollen.

Kritik äußern wir schnell und präzise. Ein Lob oder ein Kompliment dagegen soll sich der Partner oder Mitarbeiter selbst ausdenken. Wie sagt doch Salomo so treffend? »Sorgen drücken einen Menschen nieder, ein gutes Wort richtet ihn auf« (Sprüche 12,25).

Ein gutes Wort, das ist eines der Anerkennung — ein unmißverständliches Lob, das uns anspornt, am Ball zu bleiben. Wer mit Menschen so umgeht, der baut Brücken.

3) Es muß eingeplant sein

> Immer wieder fühlen wir uns gedrängt, Gott euretwegen zu preisen, vom Herrn geliebte Brüder und Schwestern (2. Thessalonicher 2,13; Viebahn).

Kannst du dir vorstellen, wie ermutigend es war für die Thessalonicher, das zu lesen? Sie waren für den Apostel *regelmäßig* ein Grund zur Dankbarkeit!

Anerkennung und Ermutigung sind nicht eine einmalige Angelegenheit. Mach es nicht so wie jener Jubilar, der an seiner Goldenen Hochzeit der versammelten Verwandtschaft erzählte, daß er seiner Frau einmal seine Liebe versichert hätte, nämlich vor dem Traualtar und seither nicht mehr, denn sein Wort gelte bis auf Widerruf ...

Egal wer es ist, die Menschen um uns herum brauchen regelmäßig Bestätigung. Nimm nichts und niemanden für selbstverständlich! Das Neue Testament lehrt: »Solange wir also noch Zeit haben, wollen wir allen Menschen Liebe erweisen, besonders denen, die mit uns durch den Glauben verbunden sind« (Galater 6,10).

Gib Menschen Blumen, solange sie riechen können! Eine einzige Rose, geschenkt während eine Person noch lebt, ist mehr wert als zehn Kränze auf dem Grab. Was immer du tun kannst, tue es jetzt — nicht später.

Wer nachdenkt, der findet Grund zum Danken. *Wer denkt, der dankt!* Wissenschaftler haben festgestellt, daß dankbare Menschen länger und gesünder leben als undankbare.

Überlege: Für wen kann ich diese Woche dankbar sein?

Fassen wir zusammen:
— *Nichts beeinflußt unsere Beziehungen so stark wie ehrlich gemeinte Anerkennung!*
— *Wer die Menschen seiner Umgebung anerkennt, der bestärkt sie in ihrer Selbstachtung und das baut Brücken!*

Hilfe zur Selbsthilfe

Wie meine horizontalen Verhältnisse aussehen, das hängt weitgehend von meiner Beziehung zu Gott ab. Wenn die Anerkennung meiner Mitmenschen wichtig ist, wieviel mehr die Anerkennung Gottes! Ohne eine Brücke zu ihm sind zwischenmenschliche Beziehungen immer nur Stückwerk. Falls du diese Zeilen liest, ohne die innere Gewißheit zu besitzen, daß Gott dir ein für allemal vergeben hat, möchte ich dich ermutigen, Kontakt mit Christen aufzunehmen, die dir weiterhelfen können.

Die meisten von uns sind blitzschnell mit Kritik und schneckenlangsam mit Lob. Wir sehen es augenblicklich, wenn irgend etwas danebenging oder wenn jemand Mist gebaut hat. Aber wenn es darum geht, ein Kompliment zu geben, ein Lob auszusprechen, jemanden mit einer Kleinigkeit zu ermutigen, da laufen wir Tag für Tag völlig blind an Juwelen vorbei. Ich bin überzeugt, unsere Beziehungen zueinander würden sich radikal ändern, wenn wir weniger kritisch in unseren Bemerkungen und dafür konstruktiver in unserem Lob würden.

Es geht nicht darum, jetzt einfach jedem eine billige, falsche Schmeicheleinheit zu verpassen. Es geht darum, dein Beziehungsnetz zu andern genauer unter die Lupe zu nehmen und dir selbst ein paar Fragen zu stellen. Ehrliche Anerkennung ist nie gedankenlos.

* Anerkennung für den Partner

Wer denkt, der dankt. Setze dich hin und notiere dir zehn (ja, du hast richtig gelesen, zehn) Dinge, die du an deinem Partner schätzt.

Und dann geh und handle! Danke deinem Partner für das, was er dir bedeutet. Tue das mündlich. Mach es, solange du noch kannst! Sag nicht bloß: »Ich sollte das tun«, tue es!

Überlege: Auf welche kreative Art kann ich meine Anerkennung sonst noch ausdrücken?

* Anerkennung in der Familie

Setze dir zum Ziel, diese Woche an jedem Tag jedem einzelnen Familienglied ein ehrliches Kompliment zu machen.

* Anerkennung am Arbeitsplatz

Gibt es an deinem Job eine Beziehung, in der dein emotionales Bankkonto sich in den roten Zahlen befindet? Mache einen Versuch. Überlege: Welche Möglichkeiten habe ich, diesem Mitarbeiter ehrliche Anerkennung zu zeigen? Dann tu's und überlaß Gott die Wirkung.

* Anerkennung in der Gemeinde

Schreib diese Woche eine kurze Ermutigungsnotiz an irgendeine Person in deiner Gemeinde und nimm dir vor, daß es nicht bei dem einmaligen Projekt bleibt.

Zur Vertiefung lies Sprüche 27,2 / 1. Thessalonicher 5,1-12 / 2. Johannes 4-6.

Deine Hörfähigkeit verbessern

Denkt daran, liebe Brüder: Jeder soll stets bereit sein zu hören, aber sich Zeit lassen, bevor er redet, und noch mehr, bevor er zornig wird (Jakobus 1,19).

Jeder gute Menschenkenner weiß, daß der pfeilgerade Weg zum Herzen einer Person über die Dinge führt, die dem betreffenden Menschen speziell am Herzen liegen. Der interessierte Zuhörer ist daher immer ein Brückenbauer. Carnegie erzählt aus seinem eigenen Leben:

Als ich neulich bei einem New Yorker Verleger zu Gast war, lernte ich einen bekannten Botaniker kennen. Ich hatte mich nie zuvor mit einem Botaniker unterhalten und war ganz hingerissen, was er alles zu erzählen wußte. Ich klebte buchstäblich an der Kante meines Stuhls und hörte fasziniert zu, während er von Haschisch sprach, von Treibhäusern und von den erstaunlichen Eigenschaften einer ganz gewöhnlichen Kartoffel. Ich besitze selber ein kleines Treibhaus, und er war so freundlich, mir ein paar nützliche Ratschläge zu erteilen ... Es wurde Mitternacht, ich verabschiedete mich bei allen Anwesenden und machte mich auf den Heimweg. Hierauf wandte sich der Botaniker an unseren Gastgeber und äußerte sich sehr schmeichelhaft über mich. Ich sei ›sehr anregend‹, sei dieses und jenes, und zum Schluß erklärte er auch noch, ich sei ein ›außerordentlich interessanter Gesprächspartner‹.

Du solltest Dir mal eins von diesen modernen Hörgeräten verschreiben lassen, Tante Herta!
WIE?

Ein interessanter Gesprächspartner? Dabei hatte ich kaum ein Wort gesagt. Ich hätte zu diesem Thema auch nichts zu sagen gehabt, denn ich verstehe von Botanik ungefähr gleichviel wie von der Anatomie eines Pinguins. Ich hatte nur eines getan: aufmerksam zugehört. Ich hatte zugehört, weil es mich tatsächlich interessierte, was dieser Mann zu erzählen wußte. Das spürte er, und das hat ihm auch gefallen. Man kann einem andern Menschen kaum ein größeres Kompliment machen, als wenn man ihm aufmerksam zuhört (Carnegie, *Wie man Freunde gewinnt,* S. 108).

Darum geht es in diesem Kapitel: die aufrichtige Bemühung, anderen zuzuhören.

Salomo sagt: »Das Ohr ist zum Hören und das Auge zum Sehen, dazu hat Gott beide geschaffen« (Sprüche 20,12). Wenn du ein typischer Homo Sapiens bist, dann wird Zuhören mehr von deinen wachen Tagesstunden beanspruchen als irgendeine andere Tätigkeit. Falls du es genau wissen willst:

70 % deiner Wachzeit wird mit Kommunikation verbracht, 9 % davon mit Schreiben, 16 % mit Lesen, 30 % mit Reden und 45 % mit Zuhören.

Lernen, zuzuhören, ist also allein schon wegen der Menge der Zeit, die wir damit verbringen, wichtig. Dazu kommt, daß die wesentlichen Bereiche deines Lebens entscheidend beeinflußt werden von deiner Fähigkeit oder der Unfähigkeit, richtig zuzuhören. Die Qualität deiner Freundschaften, der Zusammenhalt in deiner Familie, dein Wirkungsgrad am Arbeitsplatz — all deine mitmenschlichen Beziehungen werden weitgehend davon beeinflußt, ob du ein guter Zuhörer bist oder nicht.

Fachleute sagen, daß 75 % aller mündlichen Kommunikation ignoriert, mißverstanden oder vergessen wird. Du weißt aus eigener Erfahrung, wie man sich fühlt, wenn man jemandem etwas erzählt, das einen selbst intensiv beschäftigt, und dann stellt man fest, der andere gähnt und hat nicht wirklich zugehört.

Jesus hat einmal von seinen Zuhörern gesagt: »Mit sehenden Augen sehen sie nicht und mit hörenden Ohren hören sie nicht ...« (Matthäus 13,13; Lutherübersetzung). Heute ist das nicht anders; man kann zwei intakte Ohren haben und doch innerlich taub sein.

Bevor wir uns mit dem Thema näher befassen, müssen wir noch auf einen wichtigen Unterschied hinweisen: *Konversation ist nicht Kommunikation, und Hören ist nicht dasselbe wie Zuhören!*

Bloßes Hören ist ein sensorischer Vorgang. Zuhören jedoch ist ein komplexer psychologischer Prozeß. Ich kann hören, was einer mir sagt, ohne ihm zuzuhören. Und genau das ist das Problem in so vielen Ehen: Es wird gehört, aber nicht zugehört. Beim echten Zuhören wird Information nicht nur aufgenommen, sondern verarbeitet und interpretiert. Und nicht nur das, es gehört sogar noch mehr dazu:

1. Hören heißt Lieben

Sind wir doch ehrlich: Die meisten von uns reden viel lieber als daß wir zuhören. Zuhören ist lediglich eine irritierende Zwangspause, wenn der andere mich unterbricht in meinem Monolog. Echtes Zuhören ist mehr als nur Worte hören. Es ist mehr als nur darauf warten, bis ich wieder zum Zug komme. Echtes Zuhören ist ein Ausdruck von:

* *Anstand:* Ich höre dir so zu, wie ich auch angehört werden möchte.
* *Anerkennung:* Ich nehme das, was du sagst, ernst.
* *Anteilnahme:* Deine Gefühle sind mir wichtig.
* *Achtung:* Deine Erfahrung respektiere ich.

Unser Thema läßt sich auf diesen Nenner bringen: *Wer hört, der liebt, und wer liebt, der hört!*

Jeder von uns will gehört und verstanden werden. Paul Tournier, der Schweizer Arzt, schrieb: »Man kann das Bedürfnis des Menschen, gehört zu werden, gar nicht überschätzen.« Jakobus formulierte es so:

> Jeder soll stets bereit sein zu hören, aber sich Zeit lassen, bevor er redet, und noch mehr, bevor er zornig wird (Jakobus 1,19).

2. Was hindert unsere Hörfähigkeit?

Wer lernt, seine Hörbarrieren zu überwinden,
— der wird weniger streiten in seiner Ehe.
— der wird sich mehr Freunde schaffen.
— der wird an Weisheit zunehmen.
— der wird gesünder leben (Ärzte haben festgestellt, daß während des Zuhörens der Blutdruck des Menschen sinkt, während des Redens jedoch ansteigt).

Was hindert uns also daran, eine Fähigkeit zu entwickeln, die sich auf alle Lebensbereiche so förderlich auswirkt?

1) Blockade Nummer eins: Faulheit

Zuhören ist anstrengend und erfordert Konzentration. Oft sind wir schlicht und einfach zu faul für den nötigen Aufwand. Manche Leute reden zu langsam, zu leise oder zu langweilig, so daß wir innerlich abstellen und gar nicht erst die Antenne ausfahren. Zuhören erfordert Überwindung der eigenen Trägheit.

> Faulheit macht schläfrig, und wer träge ist, muß hungern (Sprüche 19,15).

Oft habe ich bei mir selbst beobachten können: Wenn ich mich ums Zuhören bemüht habe, selbst da wo es nicht einfach war, wurde ich bereichert und mancher meiner Gesprächspartner ermutigt.

2) Blockade Nummer zwei: Vorurteile

> Wer antwortet, bevor er zugehört hat, zeigt seinen Unverstand und wird nicht ernst genommen (Sprüche 18,13).

Vorurteile, Mutmaßungen, Annahmen, Spekulationen, voreilige Schlüsse, all das kennen wir aus eigener Erfahrung. Wie oft geraten wir in Konflikte wegen Mißverständnissen und falschen Vermutungen. Ein paar Beispiele:
— *»Es gibt nur einen richtigen Blickwinkel«* — weit gefehlt!
— *»Alle denken so wie ich«* — noch lange nicht!
— *»Menschen ändern sich nicht«* — Neubesinnung ist immer möglich!

— *»Ich kenne deine Motive«* — oft kennen wir nicht mal die eigenen!

Vorurteile blockieren unsere Hörfähigkeit. Wir haben unsere fixe, einbetonierte Meinung und sagen: »Bitte verwirre mich nicht mit Tatsachen.« Es ist offensichtlich, daß eine solche Einstellung schleichende Taubheit bewirkt.

3) Blockade Nummer drei: Ungeduld

Ungeduld erschwert den Hörprozeß. Experten sagen uns, daß ein Mensch im Durchschnitt 650 Worte pro Minute hören kann, aber nur etwa 150 Worte pro Minute reden. Das erzeugt einen Langeweile-Faktor von 500 Worten. Weil wir fünfmal schneller denken als die durchschnittliche Person redet, stellen wir innerlich schnell auf einen anderen Kanal um. Ich höre, aber ich höre nicht mehr zu! Während der andere erzählt, denke ich gleichzeitig an sieben Probleme, die *mich* beschäftigen. Meine Ungeduld bewirkt, daß ich den anderen konstant unterbreche, mit den Schlüsseln rassele oder mit meinen Fingern auf der Stuhllehne herumtrommele.

> Kennst du einen, der redet ohne zu überlegen? Für einen Schwachsinnigen ist mehr Hoffnung als für ihn! (Sprüche 29,20).

4) Blockade Nummer vier: Stolz

Stolz macht uns defensiv und unbelehrbar.

Ein Dummkopf hält alles, was er tut, für richtig; der Kluge hört auf klugen Rat (Sprüche 12,15).

Du kannst von jedem Menschen lernen, wenn du nur willig bist, Fragen zu stellen. Leider wollen die meisten Leute lieber klug scheinen als klug sein. Wir stellen keine Fragen, um uns keine Blöße zu geben. Wie dämlich!

Du sagst: »*Ich* lerne durch Erfahrung!« Großartig, das sollte jeder von uns — aber es ist doch viel weiser, von den Erfahrungen *anderer* zu lernen! Das Leben ist zu kurz, um alle Fehler selber zu machen.

Wie lernt man von den Erfahrungen anderer? Stelle Fragen!

Und wie fragt man? Indem man den eigenen Stolz hinunterschluckt und belehrbar wird.

Leute, ich kann von jeder Quelle lernen, wenn ich es nur verstehe, die richtigen Fragen zu stellen. *Der Weise lernt zu hören, indem er lernt zu fragen.*

5) Blockade Nummer fünf: Angst

Zuhören kann bedrohlich erscheinen — da nämlich, wo wir mit Kritik konfrontiert werden. Die Angst vor Kritik entsteht dann, wenn uns jemand etwas sagt, das wir lieber nicht hören möchten, oder wenn es gesagt wird auf eine Art und Weise, die wir schlecht ertragen.

Es gibt mindestens vier Sorten von Kritikern:
— *Der Rechtsanwalt* hat ein Gesetz für jede Situation. Er macht aus jeder Kleinigkeit einen Gerichtsfall.

Seine Kritik endet gewöhnlich mit juristischem Schuldspruch.

— *Der Theologe* hat ein Kapitel für jeden Konflikt. Er hat für dein Versagen 800 Bibelverse auf Lager. Er fährt mit dem schweren Bibelbulldozer auf und schüchtert ein.

— *Der Historiker* hat ein Datum für jede Schwäche. Er vergißt keinen von deinen Abstürzen. Sein Gedächtnis ist lückenlos. Vergangene Fehler sind datiert und inventarisiert.

— *Der Psychologe* hat eine Erklärung für jedes Verhalten. Sein Steckenpferd ist die Analyse. Er durchschaut dich, bevor du reagierst, er weiß, was du tust, bevor du je daran denkst. Der Psychologe als Kritiker muß sich eines merken: Menschen wollen nicht analysiert, sondern akzeptiert werden!

Kritik kann unangenehm sein. Aber Angst vor Kritik ist unweise. Von deinen Kritikern wirst du Dinge lernen, die deine Freunde dir nie sagen werden. Und umgekehrt ist lange nicht jede Kritik zutreffend. Der Kluge korrigiert, was zutrifft, und eliminiert den Rest:

> Sei bereit, dich korrigieren zu lassen, und spitze die Ohren, wenn du etwas lernen kannst (Sprüche 23,12).

Diese fünf Blockaden sind Kommunikations-Killer, sie ruinieren deine Beziehungsbrücken.

— Wenn deine Frau plötzlich die Nase voll hat und aus der Ehe raus will, dann geschieht das eben nicht plötzlich, sie hat dir lange vorher Signale gegeben, aber du hast nicht zugehört.

— Wenn du an einem schönen Morgen aufwachst und feststellst, daß dein Mann eine Affäre hat, dann ist das selten ein Spontanreiz. Da gab es Anzeichen, aber du hast nicht zugehört.

— Wenn dein Sohn plötzlich ausflippt, dann ist das meistens kein Kurzschluß. Da wurden vorher Verhaltenssignale gesendet, aber Papa hatte keine Zeit zu hören.

Gott gab uns zwei Ohren, aber nur einen Mund. Das heißt: Wir sollten doppelt soviel hören, wie wir reden! Wie lassen sich unsere Hörstörungen beheben?

3. Drei Hörhilfen

In unserer Familie sind Hörprobleme eine anscheinend vererbte Hypothek. Daß die Hörfähigkeit im Alter abnimmt, ist nichts Außerordentliches, aber wenn schon zur Schulzeit eine Hörbehinderung festgestellt wird, dann ist eine Hörhilfe nötig. Moderne Hörgeräte leisten Erstaunliches. Und so wie die physische Hörfähigkeit durch Elektronik verbessert werden kann, so ist es auch möglich, daß wir mit geeigneten Mitteln unsere innere Hörfähigkeit deutlich steigern.

1) Höre mit deinen Augen

Zuhören nicht nur mit den Ohren, sondern mit den Augen! Da kam einer zu Jesus, der war religiös und saß dick auf der Kohle. Aber er hatte eine falsche Vorstellung, wie man ewiges Leben bekommt. Er stellte

Jesus eine diesbezügliche Frage, und dann berichtet Markus: »Jesus sah ihn voller Liebe an« (Markus 10,21).

Diese Feststellung ist interessant. Jesus sah diesen Mann an. Das heißt, er hatte Augenkontakt mit ihm! Er schaute und er liebte!

Wer Menschen liebt, der schaut sie an. Jemandem in die Augen sehen heißt ihm ungeteilte Aufmerksamkeit schenken. Das kommuniziert. Damit bringe ich zum Ausdruck: Du bist für mich wichtig; was du zu sagen hast, nehme ich ernst.

Das Auge ist ein Fenster in die innere Welt. Durch Augenkontakt »hören« wir die Mitteilung hinter der Mitteilung. Mehr als 50 % aller Kommunikation geschieht nicht verbal, also durch Gestik; Augenkontakt nimmt diese Signale wahr. Wer Menschen liebt, der schaut sie an, der schaut ihnen in die Augen während des Gesprächs und signalisiert damit ungeteilte Aufmerksamkeit.

Aber wir müssen nicht nur lernen, zu hören mit unseren Augen, wir müssen auch lernen, zu hören mit unserem Denken:

2) Höre mit deinem Hirn

> Aber Jesus wußte, was sie dachten, und fragte sie: »Was macht ihr euch da für Gedanken?« (Lukas 5,22).

Natürlich können wir nicht Gedanken lesen wie Jesus. Er wußte, was in den Köpfen der Pharisäer vorging, als er zu dem Gelähmten sagte: »Deine Schuld ist dir vergeben«. Die Frage an die Pharisäer hatte nicht den Zweck, Jesus zu informieren, sondern die Gefragten herauszufordern.

Echtes Zuhören ist Arbeit, Denkarbeit! Wenn ich meine Hörfähigkeit verbessern will, dann muß ich lernen, nicht nur zuzuhören, sondern auch, die richtigen Fragen zu stellen: Was ist die Mitteilung hinter der Mitteilung? Nicht nur, was der andere sagt, ist wichtig, sondern auch, was er meint mit dem, was er sagt.

Höre mit deinen Augen, das heißt: Sei aufmerksam. Höre mit deinem Hirn, das heißt: Stelle geeignete Fragen. Und das Wichtigste:

3) Höre mit deinem Herzen

Hören mit dem Herzen heißt: »Ich verstehe, was du sagst.« Es ist möglich, zu verstehen, ohne mit allem einverstanden zu sein. Verständnis heißt nicht totales Einverständnis, aber es heißt, ich kann fühlen, was du fühlst, ich sehe die Situation mit deinen Augen und ich sympathisiere mit deiner Lage. Echtes Zuhören ist Hören mit Herz.

In Johannes 4 hat Jesus mit der Frau aus Samaria gesprochen. Ihr Leben war eine Ruine: links und rechts lauter kaputte Beziehungen. Sie war fünfmal verheiratet, und der Typ, mit dem sie im Moment hauste, war nicht mehr als ein Bett-Kumpel.

Jesus sah hinter die Bühne, und er sah den Schmerz in ihrem Leben. Wer mit Herz zuhört, der findet den Schmerz. Zuhören heißt, den Schmerz des anderen wahrzunehmen, und das ist eine Sache des Herzens. Wer beim Zuhören mitfühlt, der schaut hinter die Wortkulisse und sucht nach dem wunden Punkt, um helfen zu können.

Wieso ist das so wichtig? Wieso ein ganzes Kapitel auf das Zuhören verwenden? Weil viele Ehen genau an diesem Punkt kollabieren.

Da ist eine chronische Schwerhörigkeit eingetreten, und dann findet einer von beiden plötzlich ein hörendes Ohr und ein aufmerksames Auge außerhalb der eigenen Ehe.

Die meisten Affären beginnen nicht mit einer heißen Orgie, sondern mit einem hörenden Ohr! Jemand nimmt sich Zeit, zuzuhören!

Wer seine Ehe schützen will, wer seine zwischenmenschlichen Beziehungen vertiefen will, der lernt zuzuhören, und zwar aufmerksam, behutsam und mitfühlsam.

Das Wichtigste zuletzt:

4. Wie aufmerksam hörst du auf Gott?

Es ist eines, einander aufmerksam zuzuhören, aber es ist ein anderes, auf Gott zu hören! Wie steht es da bei dir? Hat Gott deine Aufmerksamkeit? Hat er dein Ohr? Hat er dein Herz?

Wer durch Jesus Vergebung und Frieden mit Gott gefunden hat, bei dem wird sich ein Herrschaftswechsel vollziehen. Gott möchte mehr als nur Beifahrer sein. Er möchte, daß wir ihn hören, ihn lieben und ihm gehorchen.

Es macht uns heute immer mehr Mühe, die Stille mit Gott zu suchen. Aber genau das gehört zum ABC des Glaubens. Gott der Vater hat von Jesus gesagt:

> Dies ist mein Sohn . . . auf ihn sollt ihr hören (Matthäus 17,5).

Wir hören jeden Tag soviel lautes Geschrei, daß unsere armen Ohren ganz taub sind von all dem Lärm. Da soll noch einer Gottes Stimme hören! Aber wie spricht er denn überhaupt zu uns?

> Alle, die auf mein Wort hören und dem vertrauen, der mich gesandt hat, werden ewig leben (Johannes 5,24).

Jesus selbst hat das gesagt: »Alle, die auf mein Wort hören.« Gott redet zu uns noch heute, nämlich durch sein Wort, die Bibel. Jetzt bleibt nur noch die schlichte Frage: Bin ich auf Empfang eingestellt?

Denk daran: *Lieben heißt hören!* Echtes Zuhören ist der Schlüssel für seelisches und geistliches Wachstum, und echtes Zuhören baut bessere Beziehungen — nicht nur horizontal (zum Mitmenschen), sondern auch vertikal (zu Gott).

Hilfe zur Selbsthilfe:

Eine der großen Ironien unserer Zeit ist die Tatsache, daß sich Kommunikation auf dem *elektronischen Niveau* mit rasendem Tempo immer weiter entwickelt.

Kommunikation auf dem *menschlichen Niveau* jedoch bereitet uns zunehmend Mühe. Wir senden problemlos Signale ins Weltall, aber wir haben Schwierigkeiten, die zu verstehen, die uns am nächsten sind. Wenn Kommunikation in der Familie blockiert ist, weil keiner dem andern zuhört, dann verwandelt sich die Energie der Liebe in Bitterkeit. Sarkasmus, Kritik und eisiges Schweigen schaffen dann eine traurige Atmosphäre. Eine Frau hat ihre eigene Ehe so beschrieben: »Wir leben in einem psychologischen Slum, nicht in einer Familie.«

Der größte Irrtum ist der, daß wir meinen, wir könnten uns nicht ändern. »Ich kann mich einfach nicht ausdrücken« hört man da, oder: »Ich hab nun mal die Geduld und die Gabe nicht, zuzuhören«. Eines jedoch ist gewiß: Dein persönlicher Kommunikations-Stil und deine Hörgewohnheiten sind ein *angelerntes Verhalten,* und was angelernt ist, kann umgelernt werden. Verhaltensforscher haben festgestellt: Auch Erwachsene können lernen, besser zu kommunizieren und besser zuzuhören.

Die folgenden »Hörtests« möchten dir dabei behilflich sein.

* Wie steht es mit deiner Hörbereitschaft gegenüber Gott? Falls du mit Christus noch nicht klargekommen bist, lies doch bitte den nachstehenden Vers und befolge den dort gegebenen Rat:

> Ich versichere euch: Alle die *auf mein Wort hören* und dem vertrauen, der mich gesandt hat, werden ewig leben. Sie werden nicht verurteilt (Johannes 5,24).

Für Singles:

A) Überdenke die unten abgedruckten Zehn Gebote zur Verbesserung der Hörfähigkeit.
B) Bitte jemand, der dich gut kennt, dir ein Feedback zu geben. Wie beurteilt dich diese Person im Hinblick auf deine Hörgewohnheiten?
C) Studiere die unten (Verheiratete, D) aufgeführten Textstellen.
D) Notiere dir drei Schritte, die du als nächstes unternehmen möchtest, um deine Hörfähigkeit zu verbessern:

_____

Für Verheiratete:

A) Wie würdest du auf einer Skala von 1-6 die Hörbereitschaft deines Partners beurteilen? (Kreuze an!)

1 ☐ Steinzeitalter
2 ☐ Sehr entwick-
   lungsfähig
3 ☐ Könnte besser sein

4 ☐ Knapp befriedi-
   gend
5 ☐ Erfreulich
6 ☐ Optimal

B) Bitte deinen Partner, die nächsten beiden Fragen zu beantworten:
– Damit wir uns besser verständigen, wünsche ich mir:

_____

– Bei diesen Themen möchte ich, daß du mir mit voller Aufmerksamkeit zuhörst:

_____

C) Welche der folgenden Feststellungen treffen auf dich zu?

- ☐ Geduldiger Zuhörer
- ☐ Hört zu mit Herz
- ☐ Unterbricht häufig
- ☐ Stellt selten Fragen
- ☐ Offen für Kritik
- ☐ Zeigt volle Aufmerksamkeit
- ☐ Zieht voreilige Schlüsse
- ☐ Ist manchmal sarkastisch

D) Studiert gemeinsam: Sprüche 16,32 u. 19,11 / Kohelet 7,8 / Klagelieder 3,24-28 / 1. Thessalonicher 5,14.

E) Diskutiert gemeinsam die Zehn Gebote zur Verbesserung der Hörfähigkeit!

Die Zehn Gebote zur Verbesserung der Hörfähigkeit:

I.   Du sollst nicht beurteilen noch verurteilen, bevor du echt verstanden hast.

II. Du sollst nicht unterbrechen, um eigene Ideen und Ansichten einzubringen.

III. Du sollst nicht annehmen, daß das, was du gehört hast, haargenau so gemeint ist.

IV. Du sollst deinen Gedanken und deiner Aufmerksamkeit nicht erlauben, während des Gesprächs spazieren zu gehen.

V.   Du sollst dich hüten vor Gedankenfiltern. Verschließe dich nicht vor anderen Gesichtspunkten und gegenteiligen Ansichten.

57

VI. Du sollst deinem Herzen nicht erlauben, deine Vernunft zu regieren, oder umgekehrt.

VII. Du sollst Worte nicht anders interpretieren als wie dein Gesprächspartner sie gebraucht.

VIII. Du sollst nicht die Zeit des anderen gebrauchen, um bereits deine Reaktion vorzubereiten.

IX. Du sollst keine Angst haben, Kritik, Korrektur, Verbesserung und Veränderung zu akzeptieren.

X. Du sollst keine unrealistischen Zeitansprüche stellen.

(Adaptiert von David Augsburger)

Deine Freundschaft vertiefen

Zwei sind auf jeden Fall besser dran als einer allein. Wenn zwei zusammenarbeiten, bringen sie es eher zu etwas. Wenn zwei unterwegs sind und einer hinfällt, dann hilft der andere ihm wieder auf die Beine. Aber wer allein geht, ist übel dran, wenn er fällt, weil keiner ihm helfen kann (Kohelet / Prediger Salomo 4,9-10).

Wo du hinkommst, gibt es Leute, die einsam sind. Eine Umfrage in den USA hat ergeben, daß Einsamkeit unter den emotionalen Problemen an erster Stelle steht. Tatsache ist, jeder Mensch braucht Freunde. Aber wie gewinnt man sie?

Wer sich für andere interessiert, gewinnt in zwei Monaten mehr Freunde als jemand, der immer nur versucht, die andern für sich zu interessieren, in zwei Jahren.

Sie und ich kennen Menschen, die ihr ganzes Leben lang versuchen, die andern für sich zu interessieren. Natürlich klappt das nicht. Die Leute sind weder an Ihnen noch an mir interessiert. Sie interessieren sich ausschließlich für sich selbst — am Morgen, am Mittag, am Abend.

Die New Yorker Telephongesellschaft stellte eine genaue Untersuchung darüber an, welches Wort in den Telephongesprächen am häufigsten vorkommt. Sie haben es sicher schon erraten: Es ist das Wörtchen »ich«, »ich«, »ich«. Es wurde in fünfhundert

Gesprächen 3990 Mal gesagt. »Ich«, »ich«, »ich«, »ich«, »ich«. (Dale Carnegie, *Wie man Freunde gewinnt*)

Daß das Interesse an anderen Brücken zu anderen baut, das hat sich für mich auf einem Flug von Zürich nach Chicago einmal mehr bestätigt. Neben mir saß ein junger Bursche, etwa 20jährig. Er kam aus Lausanne, und wir zwei Schweizer stellten schnell fest, daß wir uns am besten auf Englisch unterhalten konnten. Nach wenigen Fragen begann er zu erzählen, er sei soeben bei der Maturitätsprüfung durchgefallen. Um von der Enttäuschung etwas Distanz zu gewinnen, flog er für einen Monat in die Ferien zu einem Familienfreund, einem christlichen Geschäftsmann in Houston. Um es kurz zu machen, ich fand schnell heraus, daß er mit dem Christentum nicht allzuviel anfangen konnte. Wir redeten darüber ein wenig, und dann fragte ich ihn: »Wie ist das mit dir, wenn dieses Flugzeug jetzt abstürzen würde, weißt du, wo du die Ewigkeit verbringen würdest?«

Ich kann mich nicht mehr genau erinnern, was seine Antwort war, aber eines weiß ich noch: Während er mir seinen Standpunkt erläuterte, meldete sich der Pilot: »Motorenschaden, wir werden beim nächsten Flughafen zwischenlanden!« Das folgende Gespräch mit meinem Sitznachbarn vergesse ich nicht so schnell. Philipp[*] ist mit Jesus klargekommen, noch bevor das Flugzeug auf der Piste von Frankfurt aufsetzte, und ich hatte einen Freund gewonnen.

[*] Name geändert

Das Interesse an anderen baut Brücken, daran besteht kein Zweifel. Die Tatsache ist, wir wollen nicht nur Freunde, wir brauchen Freunde. Die Bibel sagt, daß wir für Freundschaften geschaffen sind. Ob alt oder jung, reich oder arm, jeder von uns braucht Beziehungen zu anderen Menschen. Selbst Robinson war nicht alleine auf seiner Insel, er hatte seinen Diener Freitag.

Adam lebte solo im Garten und Gott sagte zu ihm: »Es ist nicht gut, wenn der Mensch allein ist« (1. Mose 2,18). Dann kam Eva — und seither haben wir nichts als Probleme ...? Nein, Spaß beiseite! Eva war vielmehr die Lösung zum Problem der Einsamkeit.

Ehepartner sollten sich gegenseitig beste Freunde sein. Das ersetzt aber anderweitige Freundschaften keineswegs, und mit diesen wollen wir uns jetzt befassen.

1. Peinliche Beziehungspleite

Eine Erfahrung, die jeder von uns ziemlich bald einmal macht, ist die Feststellung, daß auch Christen verschiedene Ansichten haben. Oft führen diese Meinungsverschiedenheiten zu Beziehungspleiten. Daß unterschiedliche Standpunkte selbst solide Christen und gute Freunde uneins machen können, ist traurig aber wahr.

Das Neue Testament berichtet von einer solchen Situation. Zwei herausragende Männer Gottes und enge Freunde gerieten hart aneinander, und ihre Wege trennten sich. Es ist eine peinliche Geschichte, aber ich bin froh, daß sie in der Bibel aufgezeichnet ist. Die Schwächen der großen Glaubenshelden werden nicht einfach maskiert, sondern ungeschminkt beschrieben:

> Es kam zu einer heftigen Auseinandersetzung, und Paulus und Barnabas trennten sich (Apostelgeschichte 15,39-40).

Es ist klar, daß es viele Ursachen gibt, die Freunde auseinander bringen können. Im Fall von Paulus und Barnabas war es eine unnachgiebige Einstellung.

2. Freudlose Frömmigkeit

Beziehungen können auch Pleite gehen durch eine überhebliche Einstellung. Der sicherste Weg, um einer Freundschaft das Grab zu schaufeln, ist eine untolerante, verurteilende Denkweise. Das ist das klassische Merkmal im Leben der Pharisäer gewesen. Das waren jene Typen, die frömmer sein wollten als Jesus und sich mehr am Gesetz als an der Gnade orientierten. Was religiöse Bürokraten in einer Gemeinde anrichten können, habe ich hautnah erlebt. Ich habe selber jahrelang zu dieser freudlosen Zunft gehört! Ich habe gesehen, was für Auswirkungen eine enge und strenge pharisäische Einstellung hat. Paulus sagt zu Recht: »Der Buchstabe des Gesetzes führt zum Tod, der Geist aber führt zum Leben« (2. Korinther 3,6). Ein gesetzlicher Pastor ruiniert die Vitalität seiner Gemeinde, und eine gesetzesorientierte Gemeinde ruiniert die Dynamik ihres Pastors. Nicht nur das, in einer solchen Atmosphäre können tiefe Freundschaften und Beziehungen gar nicht erst entstehen und vorhandene ersticken in kurzer Zeit. Gesetzlichkeit, jene bibelzitierende, alles kritisierende Einstellung, ist ein gefährlicher Killer.

Das Gesetz tötet, Gnade befreit! Das Gesetz verurteilt, Gnade vergibt! Das Gesetz versklavt, Gnade versöhnt! Das Gesetz betont Leistung durch Druck, Gnade betont Liebe durch Dank!

Wenn du die Beziehung zu deinen Freunden vertiefen willst, dann prüfe als erstes deine Einstellung in dieser Hinsicht. Echte Freundschaften können nur gedeihen in einer Atmosphäre der Freiheit und des Verständnisses. Bist du die Art von Person, welche in anderen Schuldgefühle erzeugt, oder gehörst du ins Lager jener, die für andere Freiräume schaffen? Gehörst du zu denen, die die Freiheit von Freunden fördern, oder zu denen, die sie einengen?

3. Echte Veränderung

Obwohl zu einer Beziehung zwei Personen nötig sind, braucht es nur eine, um die Qualität einer Freundschaft zu verändern. Denn so wie wir auf andere reagieren, reagieren andere auch auf uns. Wenn *wir* unser Verhalten ändern, werden wir oft auch bei ihnen andere Reaktionen hervorrufen. Echte Veränderung ist möglich, und jeder von uns kann dazu beitragen um mit anderen besser zurechtzukommen.

4. Wirkliche Freundschaft?

Salomo sagt: »Zwei sind auf jeden Fall besser dran als einer allein« (Kohelet 4,9). »Wer Freunde will, muß sich als Freund erweisen« (Sprüche 21,21). Eine wirkliche Freundschaft ist niemals ein Zufall. Eine solche Beziehung muß konstruiert und kultiviert werden. Das braucht Planung und Bemühung. Hier sind einige Prinzipien aus dem Buch der Sprüche, die uns helfen können, dauerhafte Freundschaften zu entwickeln:

1) Ein echter Freund ist verläßlich

Wer viele Freunde hat, gefährdet sich selbst; aber es gibt einen Freund, der anhänglicher ist als ein Bruder (Sprüche 18,24; Schlachter).

Ist es möglich, zu viele Freunde zu haben? Was sagt der biblische Autor hier? Genau das! Es ist möglich, viele oberflächliche Kontakte zu pflegen, aber keine echten Beziehungen. Wenn es um Freundschaften geht, ist Qualität wichtiger als Quantität. Du brauchst nicht unbedingt viele Freunde, aber einige wenige, auf die du dich verlassen kannst und die sich auf dich verlassen können. »Es gibt einen Freund, der anhänglicher ist als ein Bruder« — da geht es um Loyalität und Zuverlässigkeit.

Wer sich in der Not auf einen unzuverlässigen Freund verläßt, ist wie einer, der mit einem brüchigen Zahn kauen oder mit einem lahmen Fuß laufen will (Sprüche 25,19).

Frage: Gibt es in deinem Leben einige Freunde, auf die Verlaß ist? Und gibt es Leute, die wissen, daß sie sich vorbehaltlos auf *dich* verlassen können?

2) Ein echter Freund ist versöhnlich

> Wer Freundschaft halten will, verzeiht Unrecht; wer immer davon spricht, verliert den Freund (Sprüche 17,9).
> Wer unversöhnlich redet, zerstört jede Gemeinschaft (Sprüche 15,4).

Jeder von uns braucht Vergebung, weil jeder von uns Bruch baut. Jesus ist gekommen, um aufzuräumen. Er gab sein Leben hin, um unsere Fehler zu tilgen und uns zu seinen Freunden zu machen (Johannes 15,15). Je eher einer das kapiert, desto besser für ihn und auch für andere. Denn wer Vergebung erfahren hat, der beginnt, anderen zu vergeben.

Wenn du wissen willst, wer deine Freunde sind, mach nur einen Fehler und schau, wie die Leute reagieren: Freunde vergeben, Feinde verurteilen!

Unter Freunden kennt man sich, man weiß voneinander die Schwächen, man kennt die wunden Punkte. Echte Freunde betonen nicht die Schwächen, sondern die Stärken. Da ist ein Ja-Gesicht, da ist eine Atmosphäre, in der man sich angenommen weiß. Wie einmal jemand gesagt hat: »Weißt du, du bist ein gutes Ei, auch wenn du einen kleinen Sprung hast.«

Keiner ist vollkommen, jeder von uns hat seine kleinen Sprünge. Versöhnlich sein heißt Menschen so zu behandeln, wie man selbst behandelt sein will.

Um deine Freundschaft zu vertiefen, braucht es Verläßlichkeit und Versöhnlichkeit. Aber das ist nicht alles:

3) Ein echter Freund ist vertraulich

Wer jedes Gerücht weiterträgt, plaudert auch Geheimnisse aus. Darum meide Leute, die zuviel reden! (Sprüche 20,19).

Kannst du ein Geheimnis behalten? Kann man dir Informationen anvertrauen? Für manche Leute ist das absolut unmöglich. Die rülpsen alles raus, was sie hören, nicht zuletzt zu ihrem eigenen Schaden.

Wer den Mund halten kann, bewahrt sein Leben; wer ihn zu weit aufreißt, bringt sich ins Verderben (Sprüche 13,3).

Der schnellste und sicherste Weg, eine Freundschaft zu zerstören, ist eine ungezügelte Zunge: »Ein Verleumder bringt Freunde auseinander« (Sprüche 16,28). Überlege drei Mal, bevor du weitersagst, was dir erzählt wurde. Ohne Vertraulichkeit gibt es keine Sicherheit, und ohne Sicherheit gedeiht keine Freundschaft.

4) Ein echter Freund ist ehrlich

Eine offene, ehrliche Antwort ist ein Zeichen von wahrer Freundschaft (Sprüche 24,26).
Liebe, die offen tadelt, ist besser als eine, die ängstlich schweigt (Sprüche 27,5).

67

Ein Freund ist jemand, der dir sagt, was du nicht hören willst, aber hören mußt, und er sagt es, weil er dich lieb hat. Das muß jemand sein, der keine Eigeninteressen verfolgt, jemand, der nicht sein eigenes Image aufpolieren muß, oder einen Punkt verbuchen will.

Echte Freunde sind offen, sie legen die Fakten auf den Tisch. Auch die unbequemen. Jeder von uns hat seine Blindpunkte — jeder. Wer meint, er hätte keinen, der hat mindestens einen ... Wir alle brauchen wenigstens eine Person in unserem Leben, die uns die Leviten lesen darf, wenn wir es brauchen.

Manche denken: Was der andere macht, ist doch nicht meine Sache, das geht mich ja nichts an. Moment mal, wenn es dein Freund ist, dann geht es dich was an, denn »eine ehrliche Antwort ist ein Zeichen von wahrer Freundschaft.«

Hier sind drei bewährte Tips im offenen Umgang mit Freunden:

* Lobe öffentlich, korrigiere privat.

* Weise nur dann zurecht, wenn du deine eigene Belehrbarkeit unter Beweis gestellt hast.

* Ermahne nicht, wenn dein Freund gerade ein Tief hat, sondern wenn er wieder auf festen Füßen steht.

Wirkliche Freunde erkennt man an diesen Merkmalen: Sie sind verläßlich, versöhnlich, vertraulich und ehrlich. Ein letzter Aspekt:

5) Ein echter Freund ist erbaulich

Eisen wird mit Eisen geschärft, und ein Mensch bekommt seinen Schliff durch Umgang mit anderen (Sprüche 27,17).

Kontakt mit anderen wirkt sich aus auf die eigene Persönlichkeit, und zwar im positiven wie auch im negativen Sinne. Freunde bauen einander auf, sie stimulieren sich zum Wachstum, sie motivieren sich gegenseitig. Was du brauchst, sind nicht Freunde, die dich demoralisieren und demotivieren. Davon kriegst du genug in der Welt. Da gibt es jede Menge negative Leute.

Ein wirklicher Freund ermutigt dich, er zieht dich hinauf, nicht hinunter. Es gibt Christen, die meinen, ihre Mission im Leben sei es, Fehler und Schwächen aufzuspüren, natürlich nicht ihre eigenen, sondern die von anderen. Da meinte doch einer allen Ernstes, er habe die »Gabe der Kritik«. Sorry, Kollege, es gibt viele Geistesgaben, aber diese existiert nicht — wenigstens nicht in der Bibel!

Ein Mensch bekommt seinen Schliff durch den Umgang mit anderen. Der Grundtext von Sprüche 27,17 ist präziser, es ist dort vom »Angesicht« die Rede. Das könnte man auch mit »Persönlichkeit« übertragen. Der Umgang mit deinen Freunden hat einen Einfluß auf deine eigene Persönlichkeit. Wir müssen vorsichtig sein in der Wahl unserer Freunde. Salomo bringt ein konkretes Beispiel; er warnt:

> Nimm keinen Jähzornigen zum Freund und verkehre nicht mit einem, der sich nicht beherrschen kann. Sonst wirst du von ihm angesteckt und gerätst ins Unglück (Sprüche 22,24-25).

Anders ausgedrückt: Du wirst so wie die Leute, mit denen du Zeit verbringst! Umgang färbt ab, und meistens nehmen wir die negativen Einflüsse viel schneller an als die Positiven. Es ist immer viel leichter, jemanden hinunterzuziehen als hinaufzuziehen. Der Apostel schreibt an die Korinther:

>>Macht euch nichts vor! Schlechter Umgang verdirbt den Charakter<< (1. Korinther 15,33).

Wähle deine Freunde also sorgfältig. Es müssen Menschen sein, die dich anspornen, mit Jesus zu leben und dein Bestes zu geben.

Laß mich dich etwas fragen: Wie weißt du, ob du selbst ein solcher Freund bist? Ein Kennzeichen ist: Wenn du dich freuen kannst am Erfolg von anderen! Gottes Wort sagt nämlich: >>Freut euch mit den Fröhlichen und weint mit den Traurigen<< (Römer 12,15).

Wie gehst du um mit dem Sieg deines besten Freundes? Wenn er einen Volltreffer landet oder einen persönlichen Triumph feiert, kannst du dich aufrichtig darüber freuen oder ist da ein verstecktes Gefühl der Eifersucht oder der Konkurrenz?

Fassen wir zusammen: *Jeder von uns braucht Freunde.* Selbst Jesus hatte sie nötig. Er nahm seine drei engsten Freunde, Petrus, Jakobus und Johannes, mit in den Garten von Gethsemane. Er brauchte ihren Rat nicht, aber ihre Gegenwart. Die Frage heute an dich ist nicht, wieviele Freunde du hast, sondern vielmehr, wem du ein Freund bist. Für wen bist du verläßlich, versöhnlich, vertraulich, ehrlich und erbaulich? Das sind die Merkmale einer soliden Freundschaft.

Hilfe zur Selbsthilfe:

Du fragst vielleicht: Wieso ein ganzes Kapitel zu diesem Thema? Sehr einfach: *Das größte christliche Zeugnis für die Welt ist ein christlicher Freund.* Unfreundliche Christen sind ein lausiges Aushängeschild und eine Beleidigung Gottes. Der Grund Nummer Eins, weshalb Menschen zu Christus kommen, sind Freundschaften! Studien belegen das immer wieder neu: Menschen wenden sich zu Jesus, weil ein christlicher Freund sich zu ihnen gewandt hat.

Ich verstehe nicht, wie Leute Woche um Woche eine Gemeinde besuchen, hinter der sie stehen, und nie andere einladen. Wenn du jemanden in den Gottesdienst mitnimmst, kann unter Umständen eine lebenslange Freundschaft entstehen. Mein Wunsch für deine und meine Gemeinde ist, daß sie die freundlichste Gemeinde weit und breit wird. Daß Menschen im Umgang mit uns eine herzliche, ungeheuchelte Zuneigung spüren. Daß Menschen bei uns nicht verurteilt und verletzt, sondern versöhnt und verbunden werden. Daß Menschen von uns nicht bedrückt weggehen, sondern befreit. Das bewirkt das Evangelium, wenn es gelebt wird von denen, die nicht unter dem Gesetz, sondern unter der Gnade stehen.

Wenn du die fünf oben besprochenen Eigenschaften anschaust, dann wirst du feststellen, daß sie eine Beschreibung des Wesens von Jesus Christus sind: Auf ihn ist Verlaß, er hat dich mit Gott versöhnt, ihm kannst du vertrauen, er ist offen mit dir, und er ist die Quelle aller Ermutigung. Da, wo wir einander so behandeln wie er uns behandelt, da werden sich unsere

Freundschaften vertiefen. Bitte überdenke die folgenden Fragen:

1) Verläßlich:

Kann man sich auf mich verlassen? Zum Beispiel in diesen konkreten Bereichen: Pünktlichkeit, Rückzahlung von Schulden, Einhalten von Versprechen, Beantworten von Telefonanrufen, Erledigen von Aufträgen? Können meine Freunde mit mir rechnen? Lies Matthäus 5,37.

2) Versöhnlich:

Wo liegt da meine Toleranzschwelle? Wie nachtragend bin ich eigentlich? Wie reagiere ich, wenn etwas daneben geht? Wie sollte ich reagieren? Wie werde ich reagieren? Wer macht mir im Moment am meisten Mühe im Bereich der Vergebung? Lies Kolosser 3,8-14.

3) Vertraulich

Wie steht es mit meiner Verschwiegenheit? Wann hat mir jemand das letzte Mal persönliche Informationen anvertraut? Bin ich als Geheimnisträger zu gebrauchen? Wie kann ich mich vor Schwatzhaftigkeit schützen? Lies das ganze Kapitel von Jakobus 3.

4) Ehrlich:

Wann habe ich zum letzten Mal ein konstruktives Konfrontationsgespräch mit Freunden geführt? Habe ich gelernt, meine Angst davor zu überwinden, oder setze ich gewöhnlich meine Sonntagsmaske auf und tue so, als ob nichts wäre? Lies Epheser 4,15.

5) Erbaulich:

Bin ich in meinen Freundschaften das Thermometer, das sich anpaßt, oder bin ich der Thermostat, der das Klima bestimmt? Bin ich in der Regel derjenige, der erbaut werden muß, oder bemühe ich mich, meine Freunde zu ermutigen? Ist meine Einstellung mehr Paragraphen- oder mehr Gnaden-orientiert? Tendiere ich mehr in Richtung einer negativ-kritischen Frömmigkeit, oder fühlen sich Menschen um mich herum angenommen? Lies Galater 5,1 und Epheser 4,1-3.

Denk daran: Wer Freunde will, muß sich als Freund erweisen!

Deinen Umgangsstil verfeinern

Wenn sich jemand unter euch für klug und weise hält, dann muß man das an seiner ganzen Lebensführung erkennen. Was er tut, soll von der Freundlichkeit und Bescheidenheit zeugen, die einem Weisen ansteht. Ihr setzt euch in Widerspruch zur Wahrheit, wenn ihr euch mit eurer angeblichen Weisheit brüstet und dabei neidisch und streitsüchtig seid. Diese Art von Weisheit kommt nicht von oben, sie ist irdisch, sinnlich und teuflisch. Wo Neid und Streit herrschen, gibt es Unordnung und jede Art von Gemeinheit. Aber die Weisheit von oben hat teil an der Vollkommenheit Gottes; sie ist freundlich, nachgiebig, zum Frieden bereit. Sie ist voller Erbarmen und bringt viele gute Taten hervor. Sie kennt weder Vorurteil noch Verstellung. Die Saat der Weisheit geht nur bei denen auf, die Frieden suchen, und dort bringt sie Frucht (Jakobus 3,13-18).

In einer Zürcher Zeitung war kürzlich folgendes zu lesen:

Die 4-F-Generation bestimmt die Zukunft:
Weder Hippies noch Yuppies sind die Stützen der Schweiz von morgen: Die neue 4-F-Generation wird in den nächsten Jahrzehnten unsere Zukunft maßgebend prägen. Familie, Freundschaft, Freizeit und finanzielle Sicherheit sind heute die wichtigsten Werte für die jungen Erwachsenen. Dies ergab eine repräsentative Umfrage.

Familie und Freundschaft gehören also zu den zwei wichtigsten Werten des Schweizers. Der richtige Umgang mit Beziehungen ist den meisten von uns ein Anliegen, weil ohne Beziehungen unser Leben hohl und leer ist. Aber wie sieht er aus — der *richtige* Umgang?

In diesem Kapitel soll es darum gehen, wie wir unseren zwischenmenschlichen Verhaltensstil verfeinern können. Leute, da müssen wir uns auf Veränderungen gefaßt machen!

1. Veränderungen sind unvermeidlich

Ein Schild in einem Saloon des Wilden Westens trug folgende Inschrift: »Ich bin nicht, was ich sein sollte, ich bin nicht, was ich sein könnte, aber ich bin nicht mehr, was ich einst war.«

Das gilt auch im Glauben. Christus akzeptiert jeden Menschen so, wie er ist, aber er läßt ihn nicht so, wie er einst war! Er bietet Vergebung an ohne Konditionen. Gnade ist unverdient, da können wir nicht dreinpfuschen. Sauberen Tisch, das kann Gott nur da machen, wo wir es an uns geschehen lassen. Aber jeder, der das begriffen und für sich selbst beansprucht hat, der bleibt nicht unberührt. Jesus ist nicht gekommen, um zu verurteilen, aber um zu verändern:

> Wer an mich glaubt, wird erfahren, was die Heilige Schrift sagt: Wie ein Strom wird lebensschaffendes Wasser von ihm ausgehen (Johannes 7,38, Hoffnung für alle).

Ob Christ oder nicht, alles, was du bist und hast, verändert sich: deine Kragenweite, deine Schuhgröße, deine Garderobe, dein Auto und deine Kinder, und, und ... Das Gesetz der Veränderung lautet: Nichts bleibt gleich. Wenn sich etwas nicht verbessert, dann verschlechtert es sich.

Auf unser Thema angewandt: Wenn Beziehungen nicht stärker werden, dann werden sie schwächer. Wenn sie nicht persönlicher werden, dann werden sie distanzierter! Veränderung ist unvermeidlich, die Frage ist nur in welche Richtung.

Eine deiner wertvollsten Investitionen sind deine Freunde:

2. Freundschaften sind unersetzlich

Christus hat den Wert von freundschaftlichen Beziehungen so hoch eingeschätzt, daß er einen Großteil seiner Zeit lieber mit einigen wenigen ausgewählten Freunden verbrachte, als daß er sich um Menschenmassen bemühte. Seinen Jüngern gab er praktische Anweisungen, wie man Beziehungsbrücken zu anderen baut und wie man mit Freunden umgeht. So sagte er z. B.:

> Ich gebe euch jetzt ein neues Gebot, das Gebot der Liebe. Ihr sollt einander genauso lieben, wie ich euch geliebt habe. Wenn ihr einander liebt, werden alle erkennen, daß ihr meine Jünger seid (Johannes 13, 34 - 35).

Diese Worte sind bald 2000 Jahre alt, aber sie haben nichts von ihrer Gültigkeit eingebüßt. Dr. J. Lynch, ein Spezialist auf dem Gebiet der psychosomatischen Krankheiten, hat in einer Studie aufgezeigt, daß einsame Menschen eine wesentlich kürzere Lebenserwartung haben als die Durchschnittsbevölkerung.

Selbst vom finanziellen Standpunkt aus sind unsere Freundschaften eine der kostbarsten Investitionen. Das Carnegie Institute of Technology hat herausgefunden, daß selbst in so technischen Berufen wie dem des Ingenieurs nur etwa 15 % des finanziellen Erfolges von der beruflichen Qualifikation abhängig sind. Der ganze Rest von 85 % sind dem Geschick im Umgang mit Menschen, der Persönlichkeit und der Fähigkeit, Menschen zu führen, zuzuschreiben.

Ob es sich um eine Bekanntschaft oder um eine Freundschaft handelt, wer sich bemüht, zu lernen, wie man mit Menschen umgeht, der handelt klug. Diese Frage wollen wir näher überdenken.

3. Wie man weise mit anderen umgeht

Praktisch jeden Tag kommst du mit Leuten in Berührung, die schwierig sind im Umgang. Da gibt es Enttäuschungen, Spannungen, Ärger. Jeder von uns muß lernen, solchen Situationen zu begegnen, ohne daß es konstant Stunk gibt.

Ich habe zehn Jahre in einem Großraumbüro für einen Chef gearbeitet, den ich hemmungslos als Angestellten-Schreck bezeichnen würde. Der Mann war ein ausgezeichneter Buchhalter, hatte aber weder von Menschenführung noch vom Christentum irgendwelche Ahnung. Für ihn waren nicht nur seine Untergebenen unverbesserliche Idioten, auch die Geschäftsleitung ehrte er mit diesem Prädikat. Jeans-Management — an allen wichtigen Stellen sitzen Nieten, davon war er überzeugt. Ich weiß aus eigener, hautnaher Erfahrung, wie unangenehm es ist, Tag für Tag für einen solchen Boß zu arbeiten. Da braucht es mehr als nur Goodwill und Nerven wie Drahtseile, da braucht es Weisheit.

Jakobus macht folgende Feststellung:

> Wenn sich jemand unter euch für klug und weise hält, dann muß man das an seiner ganzen Lebensführung erkennen. Was er tut, soll von der Freundlichkeit und Bescheidenheit zeugen, die einem Weisen ansteht (Jakobus 3,13).

Hier geht es um Weisheit als Lebensstil, also Weisheit praktiziert, nicht diskutiert! Etwas, das getan wird und konkrete Auswirkungen hat. Weisheit (griechisch *sophia*) bedeutet: die Fähigkeit, richtig zu entscheiden in den praktischen Fragen des Verhaltens. Ein sichtbares Resultat dieser Weisheit ist *horizontale Harmonie,* also Frieden im Umgang mit den Mitmenschen. Im selben Abschnitt sagt Jakobus später: »Die Saat der Weisheit geht nur bei denen auf, die Frieden suchen, und dort bringt sie Frucht« (Jakobus 3,18).

Das ist die Frage heute: Wie harmonisch sind deine horizontalen Beziehungen? Wie weise bist du im Umgang mit denen, die dir auf den Wecker gehen? Entscheidend ist nicht dein IQ (Intelligenz-Quotient), sondern dein WQ (Weisheits-Quotient). Prüfe dich an Hand der folgenden Kriterien:

1) Wenn ich weise bin,
werde ich meine Ehrlichkeit nicht einschränken

Weisheit im Umgang miteinander ist als erstes rein (Jakobus 3,17), d. h. sie ist authentisch, echt, unverdorben, ehrlich. Wenn ich aufrichtig bin mit dir, dann lüge ich dich nicht an, ich betrüge dich nicht, ich versuche dich nicht übers Ohr zu hauen.

Wieso steht diese Charaktereigenschaft an erster Stelle? Ganz einfach deshalb, weil jede gesunde Beziehung *Vertrauen* verlangt. Wer andere wiederholt belügt, dem wird nicht vertraut und der hat schnell keine Freunde mehr.

Dr. Lennard Keeler, der Erfinder des Lügendetektors, hatte 25 000 Personen interviewt und kam zu dem Schluß: Die Menschen lügen! Sollte uns das überraschen? Wir nehmen es mit der Wahrheit doch oft nicht so genau, das ist alter Kaffee. Was wir dabei nicht bedenken, ist die Tatsache, daß gerade dadurch zwischenmenschliche Beziehungen gestört werden. Die Bibel sagt nicht umsonst:

Wer gradlinig lebt, lebt ohne Angst . . . (Sprüche 10,9).

2) Wenn ich weise bin,
werde ich deinen Zorn nicht herausfordern

Der Weise ist nicht nur ehrlich, er ist auch freundlich. Das Wort in Jakobus 3,17 bedeutet genauer »bereit zum Frieden« oder »friedliebend«.

Es gibt Leute, die sind aggressiv verdrahtet. Bei jeder Gelegenheit wollen sie einen Streit vom Zaun brechen, und es braucht nur wenig, um sie auf die Palme zu bringen. Nicht nur das, ihr Verhalten und ihre Art zu Reden reizt andere ihrerseits zu aggressivem Verhalten. Wer offensiv redet, der wird defensiv verstanden, und auf diese Art hat sich mancher selber Schaden zugefügt. Deshalb warnt Salomo:

> Es ehrt einen Mann, wenn er sich aus einem Streit heraushält; nur ein Dummkopf stürzt sich hinein (Sprüche 20,3).

Meine Frau und ich waren vor einiger Zeit zu einem Studienaufenthalt in den USA. Aus vergangenen Erfahrungen war uns bewußt, daß dort in vielen Dienstleistungsbereichen mit ineffizientem und unkompetentem Personal gearbeitet wird. Ein tragisches Beispiel aus dem Gesundheitswesen: Da hat doch eine Krankenschwester während einer Operation eine Blutkonserve im Mikrowellenherd für Lebensmittel aufgewärmt, worauf der Patient noch auf dem Operationstisch an der Infusion starb. Im Verlauf des Sommers erlebten wir es immer wieder, mit welch unglaublicher Gleichgültigkeit bezahlte Angestellte ihre Aufgaben versahen. Je mehr sich die Fälle häuften, desto ärgerlicher, aggressiver und zynischer wurde ich. Das Faß war voll, als ich feststellte, daß eine Sekretärin an unserem Seminar ein Telefax für mich nicht weitergeleitet hatte. Eigentlich eine Bagatelle, aber ich war so geladen, daß ich ihr auf eine unschöne und unchristliche Art meine Meinung gesagt habe und noch einiges dazu. Im nachhinein schämte ich mich.

Sicher gibt es Dinge, die berechtigten Zorn auslösen. Doch die meisten jener Angelegenheiten, über die wir uns aufregen, sind ja nicht der Rede wert. Also: Weniger Ärger wegen Kleinigkeiten, riskiere keine Beziehung wegen einer Bagatelle!

Weisheit ist die Kunst, zu wissen, was man übersehen soll! Friede ist nicht immer möglich, aber der Weise bemüht sich wenigstens darum.

3) Wenn ich weise bin, werde ich deine Gefühle nicht mißachten

Jakobus sagt weiter, der Weise ist »gütig«, d. h. er ist verständnisvoll und tolerant. Das ist jemand, der auf die Gefühle von anderen Rücksicht nimmt.

Im Umgang mit solchen Gefühlen sind ja zwei Reaktionen typisch: Entweder wir nehmen sie nicht ernst, oder wir spielen den Psychologen.

Wenn jemand ein bestimmtes Gefühl hat und du empfindest nicht so, dann wirst du vermutlich das Gefühl des anderen in Frage stellen. Ein Beispiel: Du sagst, es ist kalt. Ich sage: Nein, es ist warm. Wer hat recht? Beide. Das Wärmeempfinden ist abhängig von der eigenen Körpertemperatur.

Sie sagt zu ihm: »Ich bin so deprimiert.« Er: »Du hast doch gar keinen Grund dazu.« Sie: »Ich weiß, trotzdem fühle ich mich so entmutigt.« Er: »Das ist völlig unlogisch, hör doch auf damit.« Du kannst dir vorstellen, in welche Richtung dieser Dialog führt.

Wir müssen es zur Kenntnis nehmen: Gefühle sind nicht richtig oder falsch. Sie sind lediglich ein Ausdruck des persönlichen Empfindens.

Wenn du deinen Umgang mit anderen verbessern willst, dann zeige Verständnis für ihre Gefühle. Das heißt nicht, daß du mit allem einverstanden sein mußt, aber das heißt, daß du einsichtig genug bist, wenigstens für die Situation des anderen Sympathie aufzubringen. Wer weiß, wie du unter denselben Umständen reagieren würdest?

> Ein versöhnliches Wort hilft anderen zum Leben; wer unversöhnlich redet, zerstört jede Gemeinschaft (Sprüche 15,4).

Wer sich brüstet: »Ich sage immer, was ich denke«, dem muß in Erinnerung gerufen werden: Es wäre besser, du würdest mehr denken, bevor du was sagst ...
Die zweite Variante ist die, daß wir den Psychologen spielen. Du versuchst dem andern zehn kluge Gründe zu liefern, wieso er fühlt, wie er fühlt. Hör mal: Was dein Kollege, Freund oder Partner braucht, ist nicht deine Erklärung, sondern deine Zuwendung. Vergiß also das Psychologie-Spielchen im Alltagsumgang! Versuche nicht, alles zu begründen, sondern zeige Verständnis.

4) Wenn ich weise bin, werde ich deine Vorschläge nicht verurteilen

Der nächste Weisheitstest in Jakobus 3,17 ist umschrieben mit dem Wort »folgsam«. Luther übersetzt besser: »Der Weise läßt sich etwas sagen.« Im Grundtext steht hier ein einziges Wort, und es erscheint im Neuen Testament auch nur dieses eine Mal und bedeutet *belehrbar*. Weisheit läßt mit sich reden, läßt sich belehren und geht nicht sofort in Abwehrstellung.

Laß mich dich fragen: Deine Freunde, deine Mitarbeiter in der Bude, deine Kinder, dein Partner — können die mit dir vernünftig reden? Ehefrauen, können eure Männer mit euch ein offenes Gespräch führen? Ehemänner, können eure Frauen mit Kritik kommen, ohne daß der Rolladen runtersaust?

Die meisten von uns sind so empfindlich gegen neue Vorschläge und so allergisch gegen Kritik, daß wir im Umgang miteinander kaum neue Erfahrungen machen.

Für Kritik gibt es zwei Grundsätze:

* Wenn sie zutrifft ➤ höre zu und lerne daraus.
* Wenn sie nicht zutrifft ➤ ignorieren und vergessen.

Ich weiß, das ist leichte Predigt und harte Praxis. Aber wahr ist es trotzdem. Nicht alle Vorschläge und Kritik von anderen müssen akzeptiert werden, aber wir müssen lernen, zuzuhören und abzuwägen.

> Ein Dummkopf hält alles, was er tut, für richtig; der Kluge hört auf klugen Rat (Sprüche 12,15).

Wer seine Meinung nie ändert, der hat aufgehört zu wachsen. Ein Politiker hat es so formuliert: »Ich halte nicht viel von einem Menschen, der heute nicht weiser ist als gestern.« Der Weise ist offen für konstruktive Kritik und vorsichtig, bevor er sie selber anbringt.

D. L. Moody blieb auch nachdem er als Evangelist berühmt wurde, ein toleranter und verständnisvoller Mensch, der andere selten kritisierte. Eine seiner bekannten Aussage war: »Im Moment habe ich soviel Mühe mit D. L. Moody, daß ich keine Zeit finde, andere zu kritisieren.«

5) Wenn ich weise bin, werde ich deine Fehler nicht betonen

»Voll Barmherzigkeit« (Jakobus 3,17), das ist selbsterklärend. Wie gehst du um mit dem Versagen von anderen? Machst du dich lustig? Hast du einen geheimen Spaß daran, wenn einer abgestürzt ist? Gehörst du zu denen, die alte Geschichten immer wieder aufwärmen oder sogar weitertragen? Kannst du einen Schlußstrich ziehen? Hast du gelernt, eher das Turnier im Auge zu behalten als das verlorene Match?

Barmherzigkeit ist das, was du selber brauchst, wenn du einen groben Fehler gemacht hast. Wer vergibt und vergißt, der baut solide Freundschaft:

Wer Fehler zudeckt, sucht Freundschaft; wer eine Sache weiterträgt, trennt Freunde« (Sprüche 17,9).

Fassen wir zusammen: *Meine Beziehung zu anderen wird da verfeinert, wo ich die Würde des anderen anerkenne und mit ihm so umgehe, wie ich es selbst erwarte.*

So wie ihr von den Menschen behandelt werden möchtet, so behandelt sie auch. Das ist — kurz zusammengefaßt — der Inhalt der ganzen Heiligen Schrift (Matthäus 7,12; Einheitsübersetzung).

Hilfe zur Selbsthilfe

Frage dich nun: Wie schneide ich ab im Weisheits-Test des Jakobus? Es nützt ja herzlich wenig, den pauschalen Vorsatz zu fassen: Ich werde mich ab nächste Woche bemühen, meine Mitmenschen umgänglicher zu behandeln. Da muß ich schon konkreter werden:

* Bin ich offen und ehrlich im Umgang mit andern?

Totale Offenheit gibt es nicht. Das wäre auch nicht ratsam. Ehrlichkeit im Umgang mit anderen bedeutet, das zu sein, was ich bin, ohne Maske, und zu meinen Gefühlen zu stehen.

Wissen andere, woran sie sind bei dir? Können sie damit rechnen, daß das, was du sagst, mit dem übereinstimmt, was du wirklich denkst?

Überdenke Jakobus 3,1-12.

* Rege ich mich über Bagatellen auf?

Notiere zwei oder drei Situationen im Umgang mit anderen, die dich leicht aus der Fassung bringen:

_____

_____

_____

Vermerke nebenan, wie du solchen Situationen vorbeugen kannst, und praktiziere das bei der nächsten Gelegenheit!

Übe Epheser 4,29-32.

* Respektiere ich die Gefühle von anderen?

Ob du das wirklich tust, kannst du wohl schwerlich selbst beurteilen. Frage daher eine Person deines Vertrauens, wie du in diesem Bereich abschneidest. Wenn du verheiratet bist, triff mit deinem Partner eine Absprache: An drei aufeinanderfolgenden Tagen versuche am Abend, deinem Partner zu beschreiben, wie dein eigenes Stimmungsbarometer ausgesehen hat und wie du das deines Gatten beschreiben würdest.

Meditiere über Johannes 11,32-36.

* Lasse ich mit mir reden
und bin ich belehrbar?

Belehrbarkeit ist meßbar an konkreter Verhaltensänderung. Überlege mal: Was hat sich in meinem Leben in den letzten zwei Monaten praktisch geändert auf Grund eines Hinweises, eines Rates oder einer Wunschäußerung von einer Drittperson?

Frage weiter: Wie oft muß mein Partner mir etwas sagen, bis ich reagiere?

1 mal = Vorbildlich	5 mal =	Ärgerlich
2 mal = Erstaunlich	10 mal =	Liederlich
3 mal = Verständlich	20 mal =	Unglaublich
4 mal = Fraglich	Glückssache =	Unverbesserlich

Zur Ermutigung lies 1. Korinther 13,7.

* Bin ich versöhnlich in meiner Einstellung?

Wie reagierst du auf deine eigenen Fehler? Wie auf die von anderen? Wem gegenüber trägst du Groll mit dir herum? Wenn du von dieser Welt heute Abschied nehmen würdest, bei wem müßtest du dich für eine unversöhnliche Gesinnung noch entschuldigen?

Zum Auswendiglernen: 1. Korinther 13,5-6.

Deinen Liebesquotienten vermehren

Liebe Freunde, wir wollen einander lieben, denn die Liebe kommt von Gott. Wer liebt, ist ein Kind Gottes und zeigt, daß er Gott kennt. Wer nicht liebt, kennt Gott nicht, denn Gott ist Liebe. Gottes Liebe zu uns hat sich darin gezeigt, daß er seinen einzigen Sohn in die Welt sandte. Durch ihn wollte er uns das neue Leben schenken. Das Besondere an dieser Liebe ist: Nicht wir haben Gott geliebt, sondern er hat uns geliebt. Er hat seinen Sohn gesandt, der sich für uns opferte, um unsere Schuld von uns zu nehmen. Liebe Freunde, wenn Gott uns so sehr geliebt hat, dann müssen auch wir einander lieben (1. Johannes 4,7-11).

Graffiti-Spruch an einer Mauer: »Liebe ist etwas Wunderbares, ich habe schon viel darüber gelesen.«

Egal wieviel du über Liebe gelesen oder gehört hast, der wirkliche Test ist nicht Kenntnis, sondern Praxis!

Im Verlauf der Zeit haben die Menschen mit den verschiedensten Symbolen versucht, zu zeigen, daß sie Christen sind. Sie trugen besondere Frisuren, sie kleideten sich auf spezielle Weise, sie hängten sich Kruzifixe um den Hals, und neuerdings kleben sie Abziehbildchen an ihr Auto. Das alles ist weitgehend eine Sache des persönlichen Geschmacks. Doch es gibt ein viel eindrücklicheres Merkmal — ein Kennzeichen, welches nicht einfach eine Zeiterscheinung oder ein Modetrend ist, ein Gütezeichen, das jeden von uns permanent markiert. Christus hat es so formuliert:

> Ich gebe euch jetzt ein neues Gebot, das Gebot der Liebe. Ihr sollt einander genauso lieben, wie ich euch geliebt habe. Wenn ihr einander liebt, werden alle erkennen, daß ihr meine Jünger seid (Johannes 13,34-35).

Jesus nennt es ein Gebot, nicht einen Vorschlag oder eine Empfehlung.

Weil es ein Gebot ist, kann es aber auch gebrochen werden. Aus eigener Erfahrung wissen wir: Es ist durchaus möglich, Christ zu sein, ohne dieses Kennzeichen zu tragen. Da stellt sich für uns die Frage:

1. Wie liebevoll sind Christen wirklich?

»Wenn das Christentum wahr sein sollte, dann müßten mir die Christen erlöster aussehen«, hat Friedrich Nietzsche einmal gesagt.

Das Ökumenische Gemeinde-Institut machte eine Umfrage unter Christen mit dieser Fragestellung: »Wie liebevoll verhalten Sie sich Ihrer Einschätzung nach (auf einer Skala von 1-10 dargestellt) gegenüber folgenden Personengruppen: Partner, Freunde, Familie, Gemeindeglieder, Kollegen, Bekannte, Nachbarn.«

Das Ergebnis war hochinteressant. Es zeigte sich ein deutlicher Knick zwischen Partner / Familie / Freunden einerseits und Gemeindegliedern / Kolle-

gen / Nachbarn andererseits. Daraus läßt sich schlie-
ßen: Außerhalb unseres Freundes- und Familien-
kreises sinkt die Bereitschaft, Liebe zu schenken, ab-
rupt ab. Andere Gemeindeglieder kommen kaum in
den Genuß unserer Liebe, Kollegen und Bekannte
noch weniger, und unsere Nachbarn schließlich bekommen so gut wie gar nichts mehr ab. Sicher beste-
hen hier örtliche Unterschiede, aber die Tendenz sollte uns doch nachdenklich stimmen.

Liebe ist ein dehnbarer Begriff, er muß definiert
werden. Zur Klärung räumen wir zuerst mit zwei falschen Vorstellungen auf:

2. Was Liebe nicht ist

1) Liebe ist kein unausweichliches Gefühl

Das Liebesverständnis der meisten Menschen
orientiert sich daran, daß Liebe ein Gefühl sei, das
man entweder hat oder eben nicht hat. Liebe ist eine
Explosion der Emotion, das Murmeln im Magen,
Gänsehaut auf dem Rücken — verliebt und elektri-
siert!

Zweifellos, Liebe *verursacht* Gefühle — aber sie *ist*
nicht ein Gefühl. Echte Liebe erzeugt Emotion, ist
aber viel mehr als nur eine Empfindung.

2) Liebe ist kein unkontrollierbares Geschehen

Die Meinung ist weitverbreitet, Liebe sei ein unwi-
derstehliches Ereignis. Man ist ihr ausgeliefert wie ei-

nem Grippevirus, der einen blitzartig überfällt. Billige Romane und schlechte Filme verewigen diese Idee. »Ich kann nichts dafür, ich bin verliebt«, heißt es, oder: »Da kann man nichts machen, ich liebe ihn einfach nicht mehr.« Als ob Liebe unkontrollierbar sei. Das ist die Hollywood-Vorstellung, und die ist weiter verbreitet als du denkst. Die Folge ist, daß manche Leute ihre Beziehungen so häufig wechseln wie du deine Schuhe.

Ein Beispiel: Das *Esquire-Magazine* Juni '91 brachte ein Interview mit Julie Delphy, dem momentanen Leinwandstar der Deutschen:

> *Esquire:* Haben Sie auch manchmal Liebeskummer?
> *Julie Delphy:* Ja, jedes Mal, wenn eine Beziehung zu Ende geht. Ich bin eben jemand, der es nicht lange mit demselben Mann aushält.
> *Esquire:* Wie lange dauerte die längste Beziehung, die Sie bisher hatten?
> *Julie Delphy:* Drei Monate, ich wechsle viel.

Liebe so verstanden — ein Gefühl, das kommt und geht und über das man keine Kontrolle hat — führt in die Vereinsamung und macht innerlich kaputt.

3. Was Liebe ist

1) Liebe ist eine Wahl und daher entscheidbar

> Zu diesem allen aber zieht die Liebe an, die das Band der Vollkommenheit ist (Kolosser 3,14, Menge).

Liebe ist etwas, das man anzieht wie ein Kleid, folglich besteht eine Wahlmöglichkeit. Wir können bestimmen, wen wir lieben wollen und wen nicht.

2) Liebe ist ein Verhalten und daher lernbar

> Unsere Liebe darf nicht aus leeren Worten bestehen. Es muß wirkliche Liebe sein, die sich in Taten zeigt (1. Johannes 3,18).

Liebe ist eine Handlung, eine Reaktion, etwas, das du tust — nicht nur Worte, sondern Werke. Wenn Liebe nur ein Gefühl wäre, dann könnte sie nicht befohlen werden. Gefühle lassen sich nicht erzwingen. Stell dir vor, du hast deinen Sprößling bestraft. Jetzt heult er, und du sagst zu ihm: »Junior, ich befehle dir, wieder zu lachen.« Das ist natürlich Unsinn. Gefühle kann man nicht befehlen. Liebe im Neuen Testament ist aber kein Gefühl, sondern ein Verhalten und als solches allen Christen verordnet.

4. Wie liebt man jemanden, den man nicht mag?

Die Überschrift erweckt den falschen Eindruck, als ob das ein Kinderspiel wäre, als ob es da ein einfaches Rezept gäbe. Leider ist das nicht so! Brücken bauen zu Menschen, gegen die wir einen inneren Widerstand spüren, braucht eine massive Dosis Überwindung. Die meisten von uns sind schneller bereit, die Straßenseite zu wechseln als das eigene Vorurteil.

Zwischen *Lieben* und *Mögen* besteht allerdings ein Unterschied. Muß ich auch schwierigen Leuten Liebe zeigen? Ja! Kann ich denen nicht einfach aus dem Weg gehen? Nein! Muß ich solche Leute auch mögen? Nein!

Jesus hat nicht befohlen, daß wir warme Gefühle für jedermann empfinden müssen — aber er hat mit Entschiedenheit gelehrt, daß wir jeden lieben sollen. Es gibt Leute, die sind von der zwischenpersönlichen Chemie her nicht unsere Wellenlänge, wir würden sie nicht spontan als unsere Freunde auswählen; aber wir können lernen, Liebe zu zeigen im Umgang mit ihnen.

Wir kommen tagtäglich mit Menschen in Kontakt, die wir nicht mögen und denen wir nicht ausweichen können. Wir schätzen es nicht, wie sie sich verhalten, wie sie sich kleiden, wie sie reden oder riechen. Vor allem aber mögen wir Leute nicht, die uns nicht mögen.

Winston Churchill vertrug sich schlecht mit Lady Astor. Bei einer bestimmten Gelegenheit sagte sie zu ihm: »Wenn ich Ihre Frau wäre, würde ich Ihrem Bier Arsen beimischen.« Worauf Churchill konterte: »Und wenn ich Ihr Mann wäre, so würde ich es trinken.«

Bei einem andern Anlaß bemerkte Lady Astor mit spitzer Zunge: »Mr. Churchill, Sie sind ziemlich betrunken.« Seine Reaktion: »Ich mag ja ziemlich betrunken sein, aber Sie sind ziemlich häßlich — und nicht nur das, ich bin am Morgen wieder nüchtern!«

Seien wir doch ehrlich, in deinem und in meinem Leben gibt es Menschen, zu denen wir uns nicht hingezogen fühlen. Und jetzt sagt uns Gottes Wort: Wir können es lernen, auch den Unliebsamen zu lieben. Wie sieht das in der Praxis aus?

1) Erfahre Gottes Liebe selbst

> In seiner Liebe sollt ihr fest verwurzelt sein; auf sie sollt ihr bauen. Denn nur so könnt ihr mit allen anderen Christen das ganze Ausmaß dieser Liebe erfahren ... (Epheser 3,17-18, Hoffnung für alle).

Man kann nicht etwas weitergeben, wenn man es nicht selbst besitzt. Wer nicht selbst in Gottes Liebe verwurzelt ist, der wird Mühe haben, mit schwierigen Menschen mehr als nur äußerlich höflich zu sein. Wenn du deinen Liebesquotienten vermehren willst, dann mußt du dort beginnen, wo die Bibel beginnt — bei der Liebe Gottes, und die ist radikal anders als unsere Vorstellung. Johannes erklärt es so:

> Gottes Liebe zu uns hat sich darin gezeigt, daß er seinen einzigen Sohn in die Welt sandte ... Das Besondere an dieser Liebe ist: Nicht wir haben Gott geliebt, sondern er hat uns geliebt. Er hat seinen Sohn gesandt, der sich für uns opferte, um unsere Schuld von uns zu nehmen (1. Johannes 4,9-10).

Wenn du Gottes Liebe noch nicht erfahren hast, dann nimm zur Kenntnis, daß er dir ein Angebot macht — seine Vergebung für deine Verfehlung. Gott weiß, daß du Befreiung von Schuld brauchst. Er weiß, daß du innere Ruhe, ein Ziel, einen Zweck, einen Wegweiser und einen Freund brauchst. Er sagt: All das werde ich für dich sein, all das und mehr!

Freund, du kannst Gott widerstehen. Du kannst dafür sorgen, daß er deinem Leben fernbleibt. Aber das wird sich langfristig nicht zu deinem Vorteil auswirken. Mein schlichter Rat: Komm aus deinem Versteck und laß dich von Gott finden!

Wer einmal ergriffen worden ist von der Tatsache, daß für Gott jeder von Bedeutung ist: der Tankstellenwart, die Kellnerin, der Aktenträger, die Putzfrau, der mißtrauische Nachbar, der unordentliche Ausländer — der wird anfangen, »kleine« Menschen anders zu behandeln. Nicht nur das, er wird auch lernen, »komische« Menschen zu akzeptieren. Du hast noch nie jemanden gesehen, der für Gott nicht von Bedeutung ist, selbst dann nicht, wenn du in den Spiegel schaust.

Lieblose Leute sind oft ungeliebte Leute. Wer andere verletzt, der ist verletzt worden. Der Startpunkt im Umgang mit solchen Menschen ist die persönliche Erfahrung, von Gott geliebt und für ihn von Bedeutung zu sein.

2) Vergib denen, die dich verletzt haben

> Seid freundlich und barmherzig, immer bereit, einander zu vergeben, so wie Gott Euch durch Jesus Christus vergeben hat (Epheser 4,32; Hoffnung für alle).

Ich ärgere mich immer wieder über meine eigene Vergeßlichkeit. Ob es der Name eines Hausnachbarn ist oder wo ich den Schlüssel zu meiner Vespa deponiert habe oder wann mein nächster Lunchtermin ist, ich muß mich enorm anstrengen, mein Gedächtnis auf Trab zu halten. Aber andererseits gibt es bestimmte Dinge, an die kann ich mich mühelos und mit beschämender Exaktheit sehr wohl erinnern: Situationen, in denen mir jemand auf den Schlips getreten ist, gehässige Kritik, persönliche Angriffe, eine offene Beleidigung. Es beschämt mich immer wieder, bei mir selbst zu sehen, mit wie wenig Aufwand mein Ego hier buchführt und die Schuldzinsen anderer aufaddiert.

Wieso ist Vergebung für zwischenmenschliche Beziehungen so wichtig? Weil es unmöglich ist, Liebe zu einem Menschen zu praktizieren und gleichzeitig einen anderen Menschen zu hassen. Ein verbittertes Herz ist ein gespaltenes Herz!

Es ist schwierig, deinen Partner echt zu lieben, wenn du immer noch in der unbereinigten Vergangenheit mit deinen Eltern lebst. Es wird dir Mühe bereiten, eine echte Freundschaft zu entwickeln, wenn du immer noch Groll gegen einen anderen Freund in dir herumträgst. Ein nachtragendes Herz ist ein gespaltenes Herz.

Wer immer es ist, der dich verletzt hat, vergib — einseitig und endgültig, so wie dir Jesus Christus vergeben hat. Seine Vergebung am Kreuz war unverdient und unwiderruflich, und sein Maßstab gilt auch für uns.

Lösche in deinem Denken die Schuldkonten aus, in denen du buchgeführt hast über die Verletzungen, die dir andere zugefügt haben. Das befreit dich nicht nur von Verbitterung, es befähigt dich gleichzeitig, den Menschen verständnisvoller zu begegnen.

3) Praktiziere das Agape-Konzept

Die deutsche Sprache erscheint manchmal armselig, wenn man sie mit der griechischen vergleicht. Im Deutschen haben wir nur ein Wort für »Liebe«, das muß dann für eine ganze Reihe von Gefühlen herhalten. Im Griechischen gibt es dafür vier Begriffe:
— *Eros,* die sexuelle Liebe
— *Philia,* die freundschaftliche Liebe
— *Storge,* die familiengebundene Liebe
— *Agape,* die uneingeschränkte Nächstenliebe
Agape-Liebe entspricht nicht unserer natürlichen Reaktion. Agape beschreibt eine neue Einstellung zum Mitmenschen, eine Einstellung, die ohne die Kraft Christi gar nicht möglich ist. Agape liebt nicht, weil der andere liebenswert oder nützlich ist, sondern weil ich ihn lieben *will.* Also Liebe nicht als Gefühl, sondern als *Wahl.*

Zwei Aspekte können helfen, das in die Praxis umzusetzen:

★ Denke liebende Gedanken

> Verfolgt nicht eure eigenen Interessen, sondern seht auch auf das, was den anderen nützt. Habt im Umgang miteinander stets vor Augen, was für einen Maßstab Jesus Christus gesetzt hat (Philipper 2,4-5).

Verfolgt nicht eure eigenen Interessen, oder wie die »Hoffnung für alle« überträgt: »Denkt nicht immer zuerst an euch.« Der natürliche Mensch tut genau das. Er denkt zuerst einmal an sich selbst, und dann noch einmal an sich. Von morgens früh bis abends spät läuft der Ego-Trip. »Erst komm ich und dann komm ich. Pausenlos geht es um mich« (Theo Lehmann).

Der Maßstab Jesu Christi kehrt das um. Agape beachtet auch die Bedürfnisse des anderen.

Liebe nach dem Agape-Konzept beginnt in der Gedankenwelt. Gedanken bestimmen unser Handeln, und das wiederum bestimmt, wie wir fühlen. Folglich muß jede Veränderung zuerst bei unseren Gedankenprozessen in die Startlöcher steigen. Wenn Liebe nicht ein Gefühl, sondern eine Gesinnung ist, dann habe ich eine Wahl. Ich kann entscheiden, wie ich über andere denke: verständnisvoll oder verärgert, anerkennend oder abschätzig.

Wer seinen Liebesquotienten vermehren will, der macht sich am besten darauf gefaßt, daß Gott ihn mit schwierigen Leuten in einen Topf steckt. Nett sein zu denen, die nett sind, das kann jeder. Liebevoll über die zu denken, die uns nicht liebenswert erscheinen — das ist der Startschuß für eine Veränderung!

Meistens werden wir feststellen, daß schwierige Leute einen schwierigen Hintergrund haben, und Menschen, von denen wir denken, sie hätten unsere Liebe am wenigsten verdient, die brauchen sie am dringendsten.

* Reagiere auf liebevolle Weise

Das Agape-Konzept ist nicht nur eine neue Denkweise, es ist auch eine neue Handlungsweise. Liebevolle Gedanken führen zu liebevollem Handeln, und das wiederum erzeugt liebevolle Gefühle.

Die Aufforderung, jemanden liebevoll zu behandeln, den man nicht mag, das bringt manche von uns auf die Palme! Du sagst: So etwas ist doch Schmeichelei, oder noch schlimmer, Heuchelei!

Natürlich sind die Motive hier entscheidend. Tatsache ist jedoch, es ist viel einfacher, mein Verhalten zu ändern, um ein Gefühl zu erzeugen, als ein Gefühl zu erzeugen, um mein Verhalten zu ändern. Gefühle folgen dem Verhalten, nicht umgekehrt!

Ein Beispiel: Er sagt zu ihr: »Wenn ich wieder Zuneigung zu dir spüre, dann werde ich auf dich Rücksicht nehmen.« Ehemänner, die darauf warten, daß sie irgendwie, irgendwann, irgendwo plötzlich von einer Gefühlswelle der Zuneigung zu ihrer Frau überfallen werden, die träumen wohl. In der Praxis ist die Reihenfolge genau umgekehrt. Zuerst kommt nicht ein mysteriöses Gefühl, sondern eine konkrete Handlung. Wer auf die Gefühle wartet, wird Jahrringe ansetzen.

Sie sagt zu ihm: »Wenn ich mich romantisch fühle, dann werde ich mit dir wieder zärtlich.« Lady, das wird nicht geschehen! Wenn du auf deine Gefühle wartest, wirst du alt werden dabei. Ändere dein Verhalten, und dein Empfinden folgt!

Christus hat einen radikalen Maßstab gesetzt:

Liebt eure Feinde; tut denen Gutes, die euch hassen; segnet die, die euch verfluchen, und betet für alle, die euch schlecht behandeln (Lukas 6,27-28).

Unsere erste Reaktion auf diese Aussage ist ein mitleidiges Lächeln: Das ist doch so unrealistisch und unpraktisch, daß du selbst nicht daran glaubst. Solch eine Ethik läßt sich nicht leben!

Eines ist sicher: Auf der Basis von Gefühlen ist es unmöglich. Jesus sagt hier nicht, daß wir ein sirupartiges, zuckersüßes Gefühl für widerwärtige Leute empfinden müssen. Er redet nicht von Zuneigung für Feinde, er redet von einer *Willensentscheidung!*

* Liebe sie: Vergib, wie dir vergeben wurde.
* Tue Gutes: Beschäme den anderen, indem du in seinem Interesse handelst.
* Segne: Rede positiv, gib mündliche Ermutigung.
* Bete: Gebet ändert nicht nur den anderen, sondern auch dich. Du kannst nicht für jemanden regelmäßig beten und ihn gleichzeitig weiter hassen. »Wer liebt, trägt keinem etwas nach« (1. Korinther 13, 5). Liebe hört auf, Buch zu führen!

Konkrete Frage: Harry, gehst du mit deinen eigenen Feinden so um, wie du es eben beschrieben hast?

Wenn du eine ehrliche Antwort willst: Nein, oder mindestens viel zu selten. Aber ich weiß: Da wo ich mich bemüht habe, da hat sich mein Liebesquotient verändert. Ich weiß auch, daß Gott Realist ist. Er verlangt nichts Unmögliches von mir. Es liegt nicht an meinem nicht Können, sondern nur zu oft an meinem nicht Wollen. Ich kann lieben wollen.

So läßt sich unser ganzes Thema in einer Aussage zusammenfassen: *Dein Liebesquotient wird da vermehrt, wo Menschen nicht deine Belehrungen hören, sondern deine tätige Zuwendung erfahren!*

Hilfe zur Selbsthilfe

Gott sieht wie du, daß all die Menschen bei dir zu
Hause oder an deinem Arbeitsplatz mehr oder weniger unangenehm oder schwierig sind; aber wenn
er in diese Familie, in diese Fabrik oder in dieses
Büro hineinschaut, so sieht er dort noch einen Menschen mehr vom gleichen Schlag — den einen, den
du nie siehst. Und dieser eine bist du! (C. S. Lewis,
Grundsätze [Gießen 1985], S. 61)

Heute geht es um dich, um deinen persönlichen
Liebesquotienten. Zum Aufwärmen lies zuerst 1. Korinther 13,1-7 durch. Danach notiere den Namen von
einer Person, die dir in letzter Zeit speziell Mühe gemacht hat:

_____

Überdenke dann das nachfolgende ABC der Liebe
mit dieser Person im Sinn und bitte Gott darum, dir
zu helfen, das besprochene Agape-Konzept anzu-
wenden:

Ich anerkenne deine Würde
Ich akzeptiere dich so, wie du bist
Ich suche dein Bestes
Ich teile deinen Schmerz
Ich vergebe deine Fehler

Beantworte abschließend die folgenden Fragen unter Anwendung dieser Kriterien (trage die Punktzah-
len jeweils ein):

Regelmäßig:	10	Selten:	4
Oft:	8	Nie:	2
Manchmal:	6		

Meine Beziehung zu Christen:

___ Ich bin willig und schnell bereit, anderen zu helfen, auch wenn ich keine öffentliche Anerkennung dafür bekomme.

___ Ich halte die Augen offen für Gelegenheiten, anderen kleine Liebesdienste zu erweisen.

___ Ich bete für andere Gläubige mindestens ebensoviel wie für mich selber.

___ Ich übe Gastfreundschaft und bin nicht geizig im Geben meiner Mittel.

___ Ich respektiere vertrauliche Informationen und verteidige den Ruf von anderen.

___ Ich achte den persönlichen Besitz, entliehenes Geld oder geborgte Güter meiner Freunde.

___ Ich bringe meine Freude an den Erfolgen anderer sichtbar zum Ausdruck und nehme Anteil an ihren Enttäuschungen.

Meine Beziehung zu Suchenden:

___ Ich pflege regelmäßige Kontakte zu Leuten außerhalb meines Familien- und Gemeindekreises.

___ Ich bemühe mich in meinem Umgang, Suchende und Andersdenkende nicht in die Kategorie »Außenseiter« einzuordnen.

___ Ich kann locker und herzlich sein auch mit Leuten, die mit dem Christentum nichts anzufangen wissen.

___ Ich achte darauf, nicht abschätzig zu denken über Leute, die einen anderen Lebensstil befürworten als meinen.

___ Ich beurteile es nicht als Zeitverschwendung, jemandem zu helfen, von dem keine Gegenleistung zu erwarten ist.

___ Ich bin willens, mit jemandem Zeit zu verbringen, ohne den Betreffenden als evangelistisches Jagdobjekt zu betrachten.

Nicht was du weißt, sondern wie du andere behandelst, gibt Aufschluß über deinen Liebesquotienten.

Auswertung:

1 - 26	Das wäre echt betrüblich.
27 - 52	Laß dich beraten.
53 - 78	Da ist noch Raum zur Entwicklung.
79 - 104	Sei ermutigt, nur weiter so!
105 - 130	Gratuliere, aber dich gibt es nicht!

Deine Transparenz verstärken

Jesus hat uns die Botschaft gebracht, die wir euch weitergeben: Gott ist Licht; in ihm gibt es keine Spur von Finsternis. Wenn wir behaupten, mit Gott verbunden zu sein, und gleichzeitig im Dunkeln leben, dann lügen wir, und unser ganzes Leben ist unwahr. Leben wir aber im Licht, so wie Gott im Licht ist, dann sind wir miteinander verbunden, und das Blut, das sein Sohn Jesus für uns vergossen hat, befreit uns von jeder Schuld.

Wenn wir behaupten, ohne Schuld zu sein, betrügen wir uns selbst, und die Wahrheit lebt nicht in uns. Wenn wir aber unsere Schuld eingestehen, dürfen wir uns darauf verlassen, daß Gott Wort hält: Er wird uns dann unsere Verfehlungen vergeben und alle Schuld von uns nehmen, die wir auf uns geladen haben (1. Johannes 1, 5-9).

Es war der Tag, an dem mein Vater starb. Es war ein grauer, kalter, regenverhangener Tag im Januar. In dem kleinen Spitalzimmer hielt ich ihn in meinen Armen, als seine Augen sich plötzlich weit öffneten mit einem Blick der Ehrfurcht, den ich nie zuvor gesehen hatte. Ich war mir gewiß, daß der Engel des Todes das Zimmer betreten hatte. Dann sackte mein Vater in sich zusammen und ich legte seinen Kopf sanft auf das Kissen. Ich schloß seine Augen und sagte zu meiner Mutter, die neben dem Bett saß und betete: »Es ist vorbei, Mama. Papa ist tot.«

Sie überraschte mich. Ich werde nie wissen, wieso dies ihre ersten Worte waren, die sie zu mir redete nach seinem Tod. Meine Mutter sagte: »Oh, er war so stolz auf dich. Er hat dich so sehr geliebt.«

Irgendwie wußte ich von meiner eigenen Reaktion, daß diese Worte für mich etwas sehr Wichtiges aussagten. Sie waren wie ein plötzlicher Lichtschaft, wie ein unerwarteter Gedanke, den ich nie zuvor überlegt hatte. Doch da war ein scharfer Schmerz, es war mir, als ob ich meinen Vater im Tod besser kennen würde als im Leben.

Später, als der Arzt den Tod feststellte, lehnte ich gegen die Zimmerwand und weinte still vor mich hin. Eine Schwester kam zu mir und legte tröstend ihren Arm um mich. Ich konnte wegen meinen Tränen nicht reden, doch ich wollte ihr sagen:

»Ich weine nicht, weil mein Vater tot ist. Ich weine, weil mein Vater mir nie gesagt hat, daß er stolz auf mich war. Er hat mir nie gesagt, daß er mich liebte. Natürlich erwartete man von mir, daß ich das alles wußte. Es wurde erwartet, daß ich wußte, welch wichtige Rolle ich in seinem Leben spielte und welch wichtigen Platz ich in seinem Herzen einnahm, aber er hat es mir nie gesagt.«

(John Powell, *The Secret of Staying in Love,* Niles, III., Argus Communications)

Die meisten von uns haben Mühe, ihren Gefühlen Ausdruck zu verleihen. Da sind zu viele Filter montiert zwischen dem Herz und der Zunge. Es ist viel einfacher, über das Wetter und die Weltpolitik zu reden als über die wirklich wichtigen Dinge — das, was uns direkt betrifft, unsere Beziehungen zueinander.

1. Eine peinliche Feststellung

Wieviele Leute gibt es in deinem Leben, die du als echte Freunde bezeichnen könntest? Wieviele Leute gibt es, mit denen du offen über deine innere Welt reden kannst? Wenn du zum großen Durchschnitt gehörst, dann sind es herzlich wenige. In einem spontanen Moment der Ehrlichkeit erkennst du, daß da wohl viele Kollegen sind, aber keine echten Freunde.

Wie kommt das? Warum sind bleibende Beziehungen so rar? Es gibt verschiedene Gründe:

1) Wir verbergen unsere Gefühle

In einem kürzlichen Gespräch hat ein Freund mir von seinem Chef erzählt. Er hat ihn so beschrieben: »Ein Technokrat, der keine Gefühle kennt.« Gefühle zu zeigen ist für ihn ein Zeichen der Schwäche. Männer mit Schnauze können sich das nicht leisten. Der helvetische Held ist ein cooler Typ, so im Stil von Bud Spencer, gefühllos, knallhart und in jeder Situation überlegen. Eine Bunker-Persönlichkeit.

2) Wir maskieren unsere Fehler

Emotionen liegen nicht drin, Entgleisungen schon gar nicht. Wir nehmen an, andere würden tot umfallen, wenn sie die weiche Unterseite unseres Lebens sähen. Aus diesem Grund zeigen wir ihnen nur die Oberfläche, die Fassade. Das Leben als Maskenball. Wer seine Maske am längsten trägt, hat gewonnen. Ein Theologe behauptet, daß es in der durchschnittlichen

Bar mehr Gemeinschaft gäbe als in der christlichen Gemeinde. Das akzeptiere ich durchaus. Unser Hausnachbar ist Barkeeper. Er erzählt von seinem Privatleben ehrlicher als manche Christen, die ich kenne.

3) Wir tarnen unsere Schwächen

Zwischen dem öffentlichen Image und der privaten Realität besteht oft ein Widerspruch. Man könnte das die »kollektive Neurose« nennen. Jeder ist krampfhaft bemüht, ja keine Blöße zu zeigen. Verletzte Gefühle, zweifelnde Fragen, versteckte Feindseligkeiten, all das wird verdrängt und getarnt, um das Image zu wahren. Ich lasse niemanden hinter meine Kulisse schauen. Die Schattenseite meines Lebens geht keinen etwas an. Das Risiko der Ehrlichkeit ist uns zu groß. Ehrlichkeit erzeugt Konflikt, und viele von uns sind bereit, fast jeden Preis zu zahlen, um solche Konflikte zu vermeiden.

Die Auswirkungen dieser Versteckpolitik auf unsere Beziehungen gerade auch als Christen sind gravierend: Persönlicher Perfektionismus, geistlicher Leistungsdruck und unehrliche Klischees schaffen in manchen Gemeinden einen Zwang, der krank macht. Psychische Schäden werden in manchen frommen Kreisen immer häufiger. Deshalb erstaunt es nicht, wenn bei Außenstehenden das Christentum schlecht abschneidet. »Freudlos, heuchlerisch und neurotisch«, so sehen das jene, die unbefangen sind, und in vielen Fällen stimmt dieses Urteil.

Was läßt sich dagegen unternehmen? Wir müssen im Umgang miteinander transparent werden.

2. Eine praktische Definition

Transparenz ist ungetarnte Durchschaubarkeit. Das Neue Testament spricht davon, »im Licht zu leben« (1. Johannes 1,7). Das heißt offen und durchsichtig sein. Transparent werden heißt: aufhören mit dem Theaterspiel, aus dem dunklen Versteck ans helle Licht treten.

> Wenn ein Mensch eine Person hat, nur eine einzige, der gegenüber er willig ist, alles zu bekennen — nicht nur das Kriminelle, das Feige, das Gemeine, das Häßliche, sondern auch jene Situationen, die ganz einfach lächerlich sind, wo er einen Clown aus sich selbst gemacht hat (und wer hat das nicht schon?). So jemand ist transparent, und seine Offenheit wird ihn bewahren. (T. S. Eliot)

Je mehr ich über Transparenz nachdenke, desto mehr wird mir klar, wieso das ein so seltener Charakterzug ist. Mindestens vier Eigenschaften sind dazu nötig:

* Verletzlich sein:

Die Bereitschaft, konstruktive Kritik einzustecken, ohne gleich in die Defensive zu gehen.

> »Befolge gute Ratschläge und laß dich korrigieren, dann bist du am Ende ein weiser Mensch« (Sprüche 19,20).

* Ehrlich sein:

Die Bereitschaft, offen auch über die eigenen Motive zu reden und heuchlerisches Verhalten abzulehnen.

> »Wahrheit besteht für immer, Lüge nur einen Augenblick« (Sprüche 12,19).

* Belehrbar sein

Die Bereitschaft, zu hören und zu lernen. Die Demut, sich verändern zu lassen.

> »Wer sich willig ermahnen läßt, geht den Weg zum Leben; wer keine Warnung hören will, geht in die Irre« (Sprüche 10,17).

* Verfügbar sein:

Die Bereitschaft, den Terminkalender anzupassen. Zugänglichsein auf einer regelmäßigen Basis.

> »Eisen wird mit Eisen geschärft, und ein Mensch bekommt seinen Schliff durch Umgang mit anderen« (Sprüche 27,17).

Diese Art von Transparenz ist nicht mit Tricks machbar. Da braucht es eine Gebrauchsanweisung von oben. Wirkliche Offenheit zwischen Menschen ist nur da möglich, wo einer mit Christus ehrlich geworden ist. Zuerst kommt die vertikale Transparenz, die vor Gott:

> Jeder von uns wird Gott für sein eigenes Tun Rechenschaft ablegen müssen (Römer 14,12).

Nur wer Gott in sein Leben hineinschauen läßt, wird für andere durchsichtig. Wer seine Buchhaltung mit Gott auf dem laufenden hält, der zieht Bilanz und läßt sich auch von anderen in die Bücher gucken.

Echte Transparenz ist hochkonzentrierte Eiweißnahrung für jede zwischenmenschliche Beziehung. Aber da gibt es auch einige Gefahren zu beachten:

3. Einige potentielle Risiken

Offene Beziehungen sind ein Prozeß, und der läßt sich nicht per Expreß erzwingen. Wenn du ein Ei mit dem Hammer aufschlägst, dann kriegt das Küken eine Beule.

Manche Leute schrecken vor Transparenz zurück, weil sie schlechte Erfahrungen gemacht haben. Jemand hat das investierte Vertrauen gebrochen, du bist beim anderen auf Ablehnung gestoßen, oder Respekt ist verloren gegangen. Und jetzt hast du Angst vor dem Risiko, nochmals mißbraucht zu werden. Emotionale Nacktheit wirkt für dich bedrohlich. Das kann ich nur zu gut verstehen. Gebrannte Kinder scheuen das Feuer.

Ein paar Vorsichtsmaßnahmen sind daher angebracht:

1) Die richtige Person

> Sogenannte Freunde können dich ruinieren; aber
> ein echter Freund hält fester zu dir als ein Bruder
> (Sprüche 18,24).

Nicht jeder Freund ist verschwiegen. Nicht jeder ist
vertraulich. Es gibt Leute, denen würde ich den Kel-
ler meines Herzens nicht aufschließen, ganz einfach
deshalb weil ihre überhebliche Einstellung sie dis-
qualifiziert. Transparenz ist nur möglich mit trans-
parenten und vertraulichen Freunden.

2) Das richtige Ausmaß

> Dem Klugen sagt sein Verstand, was er reden soll...
> (Sprüche 16,23).

Kennst du die Kotz-Theorie? Anstatt sich schritt-
weise zu öffnen, sagen manche Psychologen, man
solle sich auf einmal übergeben und dem anderen sagen, was einem gerade so in den Sinn kommt. Bedenke: Offenheit ohne Besonnenheit schafft Schwierigkeit! Der Kluge überlegt, wem er was wann und wie
sagen darf.

3) Das richtige Motiv

> Der Mensch hält alles, was er tut, für richtig; Gott
> aber prüft die Beweggründe (Sprüche 16,2).

Motive spielen eine wichtige Rolle. Was bewegt
mich dazu, meine Geschichte zu enthüllen? Ist es

Selbstmitleid? Haß, Neid oder Eifersucht? Das Bedürfnis, nach Effekt zu haschen? Der Wunsch, im Mittelpunkt zu stehen? Gott prüft Motive. Und du?

4) Der richtige Zeitpunkt

> Man freut sich, wenn man zu antworten weiß; wie gut ist das richtige Wort zur rechten Zeit! (Sprüche 15,23).

Ich habe oft genug den falschen Zeitpunkt gewählt. Das falsche Wort zur falschen Zeit führt ins tiefe Gras. Ein Herz-zu-Herz-Dialog ist selten eine el-spontano-Angelegenheit. Es lohnt sich, ein kritisches Gespräch vorher inhaltlich und zeitlich mit dem Gesprächspartner abzusprechen.

4. Positive Vorteile

Fastnachtsmasken gibt es in allen möglichen und unmöglichen Varianten. Christliche Masken sind genau so kreativ. Wer den frommen Betrieb lange genug kennt, der merkt bald, daß es für jede Gelegenheit die passende Ausrüstung gibt:
— Wenn du die »Ich-weiß-alles-Maske« trägst, dann brauchst du dich nie mit den offenen Fragen deines Glaubens herumzuschlagen.
— Wenn du die »Ich-bin-überlegen-Maske« trägst, dann mußt du dir nicht eingestehen, daß manche Dinge dich ängstigen.
— Wenn du die »Ich-bin-geistlich-Maske« trägst, dann wirst du dich nicht herumschlagen müssen mit

Leuten, die sich wundern, ob du auch Probleme hast. Die einzige Schwierigkeit mit dem Maskenspielchen ist die: Es ist geheuchelt und es schafft Distanz.

Wer seine Maske aufgibt, dem winken drei Vorteile:

1) Er kultiviert solide Beziehungen

Johannes macht eine interessante Feststellung. Er sagt: »Leben wir im Licht, so wie Gott im Licht ist, dann sind wir miteinander verbunden ...« (1. Johannes 1, 7).

Das ist erstaunlich. Johannes sagt hier nicht, das Leben im Licht führt zur Gemeinschaft mit Gott; das wird bereits vorausgesetzt. Hier sagt er, das Leben im Licht führt zur Gemeinschaft *miteinander*.

Die Praxis bestätigt das. Unverkrampft-offene Leute sind angenehme Leute. Wieso? Weil sie einfach sind im Umgang und weil ihre Wärme anziehend wirkt. Offenheit entwaffnet!

2) Er reduziert Abstürze

Die transparente Verbundenheit mit anderen ist zugleich ein Schutzfaktor. Wer regelmäßig mit jemandem sein eigenes geistliches Barometer liest, der wird vorsichtiger umgehen mit Versuchungen. Die Tatsache, daß ich jemandem das Recht gebe, mir die unbequemen Fragen zu stellen, drosselt meine Tourenzahl beim Sprint auf der falschen Bahn.

3) Er wird motiviert zur Veränderung

Regelmäßige Rechenschaft vor jemandem, der ebenfalls bemüht ist, im Licht zu leben, ist nicht nur ein Schutzfaktor, es ist auch ein Motivationsfaktor. Allein geht man ein. Der Umgang mit anderen, die sich bemühen, geistliches Oktan zu tanken und transparent zu leben, ist ungemein stimulierend.

Ich habe den leisen Verdacht, daß manche von uns jetzt sagen: »Guter Versuch, Harry, habe ich alles schon ausprobiert! Tönt großartig in der Theorie, nicht machbar in der Praxis. Das ist okay für andere, aber nicht für mich. Ich gehe auf Marke sicher und bleibe weiterhin an der Oberfläche.«

Wie du mit anderen umgehst, ist kein Zufall, sondern deine persönliche Entscheidung. Umgangsformen sind nicht angeboren, sondern angelernt. *Transparenz ist lernbar,* und das Neue Testament gibt uns dazu wertvolle Anleitung:

5. Praktische Schritte

1) Sei regelmäßig transparent

Darum *bekennt* einander eure Sünden (Jakobus 5,16; Einheitsübersetzung).

Das persönliche Schuldbekenntnis wird in Jakobus 5 mit der Gesundheit in Verbindung gebracht. Verdrängte Schuld kann organische und seelische Probleme verursachen.

Wer transparent ist im Umgang mit anderen, der pflegt dadurch sein inneres Gleichgewicht. Das Wort »bekennt« steht hier im Präsens, das ist die kontinuierliche Zeitform. Nicht eine einmalige Handlung ist gemeint, sondern eine regelmäßig wiederholte.

Gibt es jemanden in deinem Leben, dem du dich echt öffnen kannst? Hast du einen *Beicht-Partner,* der deine Geheimnisse kennt?

Wenn du verheiratet bist, stelle dir diese Frage: Kann ich mich meinem Partner gegenüber seelisch entblößen?

Wie oft geschieht das? Wann das letzte Mal?

2) Sei vollständig transparent

> Darum bekennt einander *eure Sünden* (Jakobus 5,16).

Transparenz, die den Namen verdient, ist umfassend. Da geht es nicht um eine einzelne Bagatelle, sondern um »Sünden« im Plural. Nicht generelle Sündhaftigkeit, sondern definitive und detaillierte Taten: das Peinliche, das Beschämende, das Geheime, das Versteckte, das, was dich in der Nacht nicht schlafen läßt, das, was deinem Gewissen eine Migräne verursacht.

Jakobus spricht nicht davon, alle deine schmutzige Wäsche in aller Öffentlichkeit aufzuhängen. Die Atmosphäre ist privat. Angst vor Prestigeverlust ist deshalb unberechtigt.

Auf einem Eheseminar unserer Gemeinde wurde ein Männer-Hock arrangiert. Wir hatten den ganzen

Tag über unsere Partner-Beziehungen diskutiert und Vorträge gehört. Am Abend planten wir, im kleinen Kreis ohne die Frauen ganz offen über unser privates Leben miteinander zu reden. Was sich damals in Männedorf abspielte, werde ich nie vergessen. Freiwillig ohne irgendwelchen Zwang, packte einer nach dem anderen aus. Keine Beschönigung, keine Entschuldigung. Wir legten einfach offen die Karten auf den Tisch: So bin ich, das ist bei mir gelaufen, darüber schäme ich mich. Das möchte ich korrigieren. Die Angst, den Respekt des anderen zu verlieren, war unnötig. Das Gegenteil geschah. Wir haben einander um so mehr respektiert, weil wir wußten, wieviel Mut es brauchte, die soliden Fassaden zu demontieren und echt zu werden.

Das Männedorf-Erlebnis hat bei mir Spuren hinterlassen. Mir ist klar geworden, wie befreiend vollständige Offenheit ist. Ein Geheimnis, das gelüftet wird, verliert seine Macht.

3) Sei feinfühlig transparent

Und betet füreinander (Jakobus 5,16).

Vertraulichkeit bewirkt Verbundenheit. Nicht jeder kann das ertragen, und das ist okay! Da ist kein Zwang. Empfindsamer Umgang miteinander erlaubt dem anderen Spielraum. Mute niemandem etwas zu, das er noch nicht verkraften kann. Wenn wir aber voreinander die Karten auf den Tisch gelegt haben, dann ist das der Anfang, nicht das Ende. Vertraulichkeit bewirkt eine Gebets-Verbundenheit.

Ich habe das selbst erlebt. Heute gibt es in meinem Leben ein paar Männer, die mit mir ehrlich sind und mit denen ich Klartext reden kann. Das ist mir mehr wert als Ansehen und Ehre.

Das Thema »Transparenz« auf einen Nenner gebracht: *Entscheidend ist nicht, wieviele Menschen du kennst, sondern wem du erlaubst, dich zu kennen!*

Hilfe zur Selbsthilfe:

Maskentragen macht müde! Manche Leute sind konstant erschöpft, weil ein pharisäischer Lebensstil ihnen alle Energie raubt. Es ist ein echter Streß, ständig so zu tun, als ob. Auf die Dauer ist es unerträglich, nach außen ein Image zur Schau zu tragen und sich selbst innerlich immer wieder anzuklagen. Wer nicht offen zu seinen Schwächen und Fehlern steht, der wird verspannt und verklemmt.

1) Stelle dir zwei Fragen!

* Wieso weigere ich mich, auszupacken und meine Karten offenzulegen?
* Was passiert, wenn ich in diesem Zustand verharre?

2) Triff dich regelmäßig mit mindestens einer Person:

Jeder von uns braucht einen Menschen, der ihm die harten Fragen stellen darf. Entschließe dich: Ich werde nicht mehr ausweichen, sondern mich aufdecken.

Frage: Wer ist dein Beicht-Partner? Wähle diese Person sehr sorgfältig aus, überdenke dabei diese Kriterien:

Vertraulich
Ehrlich
Echt
Objektiv

3) Triff eine gegenseitige Abmachung!

Mache einen Termin aus mit deinem Beicht-Partner. Die folgenden Gedanken können als Gesprächs-grundlage dienen:

— *Was du mir sagst, werde ich nie gegen dich verwenden:* Ich werde mich nicht lustig machen über deine Schwächen. Ich werde dich respektieren, egal was ich von dir höre. Du kannst mit meiner Gebets-Unter-stützung rechnen.

— *Was du mir sagst, bleibt absolut vertraulich:* Ich verspreche dir, verschwiegen zu sein wie ein Grab. Ich werde mich davor hüten, je vertrauliche In-formation leichtfertig zu behandeln. (Denk an deine eigene Empfindlichkeit. Gefühle sind weich wie Ei-erschalen, einmal zertreten läßt sich der Schaden nur schwer wiedergutmachen.)

— *Was du mir sagst, bleibt nicht eine Einbahnstraße:* Deinen Mut zur Ehrlichkeit werde ich honorieren durch gleiche Offenheit. Ich möchte lernen, meine eigenen Fassaden abzubauen und meine Masken auszuziehen.

4) Wage ein Risiko!

Geh diese Woche zu jemandem, der dich gut kennt — dein Partner, deine Eltern, ein Freund oder eine Freundin, eventuell ein enger Mitarbeiter — und mache folgenden Vorschlag:

»Wenn du wüßtest, daß ich mich nicht ereifere und nicht ärgerlich werde, mit welchen unbequemen Wahrheiten würdest du mich konfrontieren? Gibt es etwas, das du mir schon lange sagen wolltest, dich aber nicht getraut hast, aus Angst vor meiner Reaktion? Jetzt ist deine Chance.«

Setze dich dann hin und höre zu. Sage gar nichts. Verteidige dich nicht. Zerrede nicht, was gesprochen wird, sondern nimm auf und bitte Gott, dir zu helfen, das Gehörte zu verarbeiten. Bedenke Sprüche 27,6.

Transparenz ist persönliche Entwaffnung, das Weglegen von Schutzmechanismen, um von der Oberfläche zum wirklichen Du zu gelangen. Das ist unbequem und bedrohlich. Es braucht Rückgrat und Rücksicht!

Deine Kommunikation verändern

Als Jesus erfuhr, was man sich erzählte, verließ er Judäa und ging zurück nach Galiläa. Sein Weg führte ihn durch Samarien.

Dabei kam er in die Nähe des Dorfes Sychar, das nicht weit von dem Feld entfernt liegt, das Jakob einst seinem Sohn Josef vererbt hatte. Dort befand sich der Jakobsbrunnen. Jesus war von dem langen Weg müde geworden und setzte sich an den Brunnen. Es war gegen Mittag.

Seine Jünger waren ins Dorf gegangen, um etwas zu essen zu kaufen. Da kam eine samaritanische Frau zum Wasserholen, und Jesus sagte zu ihr: »Gib mir einen Schluck Wasser!« Die Frau antwortete: »Du bist Jude, und ich eine Samaritanerin. Wie kannst du mich da um etwas zu trinken bitten?« Die Juden vermeiden nämlich jede Berührung mit Samaritanern. Jesus antwortete: »Wenn du wüßtest, was Gott schenken will und wer dich jetzt um Wasser bittet, dann hättest du *ihn* um Wasser gebeten, und er hätte dir lebendiges Wasser gegeben« (Johannes 4, 3 - 10).

Sie redet, er liest Zeitung. Sie stellt eine Frage, er grunzt etwas Unverständliches. Viele Männer schalten einfach ab, wenn ihre Frauen mit ihnen etwas reden wollen. Der leere Blick, den er ihr über die Zeitung hinweg zuwirft, sagt alles. Mit seinen Gedanken ist er meilenweit entfernt. Sie merkt, daß ihre Worte gar nicht zu ihm durchdringen. Sie redet lauter, wird dringlicher, stellt Fragen — ohne Erfolg. Er antwortet nicht, unterbricht sie höchstens, um eine Frage zu einem völlig anderen Thema zu stellen, geht hinaus oder schaltet irgendein Fernsehprogramm ein.

Szenen, wie sie in fast jeder Ehe vorkommen. Warum stellen so viele Männer die Ohren auf Durchzug, wenn ihre Frauen mit ihnen über etwas reden wollen? Ob in der Ehe, im Freundeskreis oder am Arbeitsplatz, jeder von uns hat Situationen erlebt, wo er im falschen Moment das Falsche oder im richtigen Moment gar nichts gesagt hat. Ein Witzbold hat es so formuliert: »Ich habe im Umgang mit anderen meinen Fuß so oft in den eigenen Mund gesteckt, daß ich gelernt habe, durch die Zehen zu pfeifen.«

Der Rohstoff einer befriedigenden Beziehung ist die Fähigkeit, sich dem anderen zivilisiert mitzuteilen. In einer Serie über zwischenmenschliche Beziehungen muß dieses Thema aufgegriffen werden. Doch zuerst ein kleiner Rückblick. Diese Bereiche haben uns beschäftigt:

* Deine Vergangenheit loslassen

Ob es Groll, ob es Gram oder das Gewissen ist, als erstes haben wir festgestellt, wir müssen lernen, loszulassen. Die Bewältigung der Vergangenheit ist Voraussetzung für gesunde Beziehungen.

* Deine Anerkennung ausdrücken

Nichts beeinflußt den Umgang mit anderen so nachhaltig wie ehrlich gemeinte Anerkennung. Wer denkt, der dankt.

* Deine Hörfähigkeit verbessern

Echtes Zuhören geschieht mit den Augen, mit dem Hirn und mit dem Herzen. Wer liebt, der hört.

* Deine Freundschaft vertiefen

Die Frage ist nicht, wieviele Freunde du hast, sondern vielmehr, wem du selbst dich als Freund erweist.

* Deinen Umgangsstil verfeinern

Meine Beziehung zu anderen wird da verfeinert, wo ich die Würde des anderen anerkenne und mit ihm so umgehe, wie ich es selbst erwarte.

* Deinen Liebesquotienten vermehren

Dein Liebesquotient wird da vermehrt, wo Menschen nicht deine Belehrungen hören, sondern deine tätige Zuwendung erfahren.

* Deine Transparenz verstärken

Entscheidend ist nicht, wieviele Leute du kennst, sondern wem du erlaubst, dich zu kennen.

In diesem letzten Kapitel geht es nun um die Frage, wie sich negative Verständigungs-Gewohnheiten verändern lassen. Kommunikation ist der Lebensnerv jeder Beziehung. Ob wir wollen oder nicht, jeder von uns sendet Signale:

1. Die Unmöglichkeit,
nicht zu kommunizieren

Verständigung besteht nicht nur aus Worten. Körperhaltung, Körpersprache und überhaupt jegliche Art von Umgangsform kommuniziert. Wenn aber alles Verhalten in einer Situation Mitteilungscharakter hat, dann folgt daraus, daß man nicht nicht kommunizieren kann. Ein bekannter Verhaltensforscher schreibt:

> Handeln oder Nichthandeln, Worte oder Schweigen haben alle Mitteilungscharakter: Sie beeinflussen andere, und diese anderen können ihrerseits nicht *nicht* auf diese Kommunikation reagieren und kommunizieren damit selbst. Es muß betont werden, daß Nichtbeachtung oder Schweigen seitens des anderen dem eben Gesagten nicht widerspricht.
>
> Der Mann im überfüllten Wartesaal, der vor sich auf den Boden starrt oder mit geschlossenen Augen dasitzt, teilt den anderen mit, daß er weder sprechen noch angesprochen werden will, und gewöhnlich reagieren seine Nachbarn richtig darauf, indem sie ihn in Ruhe lassen. Dies ist nicht weniger ein Kommunikationsaustausch als ein angeregtes Gespräch.
>
> (Paul Watzlawick, *Menschliche Kommunikation,* Bern 1979, S. 51)

Ob ich will oder nicht, mein Verhalten ist eine Mitteilung. Diese Tatsache ist von mehr als nur theoretischer Bedeutung. Nehmen wir als Beispiel eine Person, die sich mit dem Anspruch des Christentums konfrontiert sieht, sich aber nicht zu einer Stellungnahme entschließen will: Das Ausweichen vor der

Verantwortung, die Nichtentscheidung, ist selbst eine Entscheidung. In einer Situation, in der Neutralität unmöglich ist, muß ich Stellung beziehen: »Wer nicht für mich ist, der ist gegen mich, und wer mir nicht sammeln hilft, der zerstreut« (Matthäus 12, 30).

Im Bereich der zwischenmenschlichen Verständigung sind es oft die Männer, die durch Nichtkommunizieren brillieren. Susanne, 38, berichtet in einem Brigitte-Interview zum Thema »Schweigende Männer«: »Neulich hat er erst Tage später erzählt, daß ein Freund von ihm gestorben ist. So ist das meistens: Da wühlt ihn irgendwas schrecklich auf, er ist völlig fertig, aber er macht die Luken dicht.«

Die Luken dichtmachen ist eine Form, Distanz zum anderen zu schaffen. Neben dem Schweigen gibt es aber noch jede Menge andere Barrieren, die den Austausch lahmlegen:

2. Kommunikations-Barrieren

Kommunikations-Blocker sind hochriskante Reaktionen, die beim anderen eine negative Wirkung auslösen. Wenn Kommunikations-Blocker immer wieder benützt werden, dann wird eine Beziehung belastet und schließlich zerstört. Die folgende Liste könnte man das *dreckige Dutzend der Kommunikations-Blocker* nennen:

— *Kritisieren:* Ein Mann hat seine Frau so beschrieben: »Sie befindet sich konstant auf der Fehler-Such-Safari.«

— *Etikettieren:* Gedankliche Etiketten verteilen ist der schnellste Weg, Kommunikation zu behindern. Der andere ist dann nicht mehr eine Person, sondern nur noch eine Kategorie.

— *Diagnostizieren:* Wer den psychologischen Detektiv spielt und Leute schnell als aggressiv, impulsiv oder zwanghaft einstuft, der merkt bald, daß das dialogdämpfend wirkt.

— *Übertriebenes Loben:* Lob als Instrument der Manipulation wird als hinterhältig empfunden und erzeugt Groll.

— *Befehlen:* Dem anderen diktieren, was er zu tun hat. Solcher Zwang macht passiv oder löst Widerstand aus.

— *Bedrohen:* Der Versuch, andere zu kontrollieren, mit der Androhung von negativen Konsequenzen.

— *Moralisieren:* Dem anderen eine fix-und-fertige Lösung zu seinem Problem präsentieren und sie dann mit einem Heiligenschein garnieren.

— *Suggestives Befragen:* Nicht eine ehrliche Bitte um Information, sondern die Art von Fragen, welche den anderen ins Netz lockt.

— *Beraten:* Was ist denn falsch mit Rat? 1. Wenn er nicht erfragt wurde, ist er nicht erwünscht. 2. Der Berater sieht oft nur die Spitze des Eisberges.

— *Ablenken:* Die häufigste Form der Kommunikations-Hemmung. Um die Aufmerksamkeit auf sich selbst zu lenken oder um ein unangenehmes Thema zu vermeiden, wird eine Gesprächsweiche gestellt.

— *Überreden:* Mit logischen Lösungen einem Konflikt begegnen. Das Problem ist, Logik befaßt sich mit Fakten und läßt Gefühle außer Betracht.

— *Verniedlichen:* Die Ablehnung der Selbstbeurteilung des anderen. Das sieht aus nach Verständnis, hilft aber dem Betroffenen nicht.

Auf den ersten Blick sehen manche dieser Reaktions-Verhaltensweisen recht harmlos aus. Doch sie wirken negativ auf das Selbstwertgefühl und behindern die Motivation, echte Gefühle offen auszudrücken.

Vor einiger Zeit erzählte mir ein Ehemann: »Wenn ich am Abend heimkomme, höre ich von ihr nie eine Nachfrage, wie es mir geht, geschweige denn ein Lob. Als erstes kommt Kritik und als zweites Kränkung. Ein offenes Gespräch ist bei uns gar nicht mehr möglich. Am liebsten bin ich alleine.« Eine traurige Bilanz von abgeblockter Verständigung! Wenn Kommunikations-Barrieren lange genug im Weg gestanden sind, dann setzt eine Entfremdung ein, die irgendwann einmal permanent wird, wenn nicht drastische Korrekturmaßnahmen ergriffen werden.

3. Konstruktive Kommunikation

Positive und konstruktive Verständigung orientiert sich an bestimmten Grundsätzen. Nicht nur der Inhalt einer Mitteilung ist wichtig, sondern auch die Beziehung zwischen dem Sender der Mitteilung und dem Empfänger. Lange Zeit wurde angenommen, Kommunikation sei einfach die Vermittlung von Information. Aber dann haben Wissenschaftler gemerkt, daß in jeder Verständigung auch ein zweiter Aspekt enthalten ist. In jede Kommunikation kommt unweigerlich eine Definition der Beziehung zum

Kommunikationspartner hinein, so wie sie der Sender der Mitteilung sieht. *Jede Verständigung hat also einen Inhalts- und einen Beziehungs-Aspekt.* Der Inhalt wird durch die Worte vermittelt. Der Beziehungsaspekt kommt im Verhalten zum Ausdruck und zeigt, wie die Worte zu verstehen sind.

Interessant ist nun die Tatsache, daß die *verbale Mitteilung* viel weniger Gewicht trägt als die *nichtverbale*. Wissenschaftler sagen, daß erfolgreiche Verständigung aus:

> 7% Inhalt
> 38% Ton
> 55% Gestik, Mimik besteht.

Anders ausgedrückt, Kommunikation ist nicht nur, was du sagst, sondern wie du verstanden wirst.

Wenn nun die Beziehungs-Ebene stark gestört ist, versuche nicht, deine Information auf der Inhalts-Ebene durchzusetzen. Das bringt nichts, es endet in der altbekannten Streitroutine. Klüger ist es statt dessen, über die Beziehungs-Ebene zu reden, und zwar auf eine milde, vergebende Art und Weise.

> Wer unter euch ist weise und einsichtsvoll? Der beweise das durch ein gutes Verhalten und handle in jener Sanftmut und Gelassenheit, die aus wahrer Weisheit hervorgeht (Jakobus 3,13, Viebahn).

4. Wie man sich wirkungsvoll verständigt

Jesus Christus war ein Meister der Kommunikation. Bei den Massen kam er an, weil er mit Autorität sprach:

Als Jesus seine Rede beendet hatte, waren alle von seinen Worten tief beeindruckt. Denn er sprach wie einer, der Vollmacht von Gott hat — ganz anders als ihre Gesetzeslehrer (Matthäus 7,28-29).

Seine Feinde respektierten ihn, weil sie sahen, welche Wirkung seine Worte hatten:

Die Pharisäer aber sagten zueinander: »Da sieht man doch, daß wir so nicht weiterkommen! Alle Welt läuft ihm nach!« (Johannes 12,19).

Seine Freunde vertrauten ihm, weil sie seine Liebe spürten:

Er hatte die Menschen geliebt, die sich in dieser Welt zu ihm bekannten, und er hörte nicht auf, sie zu lieben (Johannes 13,1; Hoffnung für alle).

Wie Jesus mit den Menschen kommuniziert hat, das läßt sich an Hand eines klassischen Beispieles aufzeigen. Sein Dialog mit der Frau von Sichar in Johannes 4 ist ein Modell wirkungsvoller Gesprächsführung.

Wie ist Christus mit jener Frau damals umgegangen, was hat er zu ihr gesagt? Wie hat er mit ihr gesprochen, was war sein Geheimnis? Ein Gelegenheitsgespräch am Rande eines alten Brunnens hat wie eine Bombe eingeschlagen. Die Begegnung mit dem Nazarener hat nicht nur die Frau selbst, sondern den ganzen Rest der Stadt auf die Beine gebracht. Mal abgesehen davon, daß der Madame ein Wildfremder gerade aufs Gesicht zusagt, daß ihr Privatleben stinkt, lassen sich aus jenem Gespräch vier wertvolle Grundsätze für einen echten Dialog ableiten:

R = Respektiertes Selbstwertgefühl
E = Einfühlendes Verständnis
D = Demütige Liebe
E = Echte Ehrlichkeit

R = Respektiertes Selbstwertgefühl

Jesus sagte zu ihr: »Gib mir einen Schluck Wasser!«
Die Frau antwortete: »Du bist Jude, und ich bin eine
Samaritanerin. Wie kannst du mich da um etwas zu
trinken bitten?« Die Juden vermeiden nämlich jede
Berührung mit den Samaritanern (Johannes 4, 8-9).

Als erstes wird ein uraltes Vorurteil demontiert. Die
Samaritaner waren als Mischvolk bei den Juden seit
Jahrhunderten verhaßt. Ein Jude tat alles, was er
konnte, um einem Samaritaner aus dem Weg zu gehen. Jesus kümmerte sich keinen Deut um solche
kulturellen Vorurteile. Er durchbricht ohne weiteres
rassische, religiöse, geschlechtliche, soziale und moralische Barrieren, um eine Basis zur Kommunikation zu schaffen.

Die Dame von Sichar war gemischtrassig, ungläubig, eine Frau von niedrigem sozialem Status und
lebte im Konkubinat. Jeder einzelne dieser Aspekte
war damals Grund genug, sie abschätzig zu behandeln. Doch Jesus tut das, was kein orthodoxer Jude
getan hätte! Er ergreift die Initiative zum Gespräch.
Ja nicht nur das, er bittet sie um einen Dienst. Er
macht sein körperliches Wohlbefinden von ihr abhängig und hebt dadurch ihr Selbstwertgefühl.

Leute, das ist ein Grundsatz. *Optimal Kommunizieren heißt, das Selbstwertgefühl des anderen achten!* Vorurteile über eine Person beeinflussen den Umgang mit dieser Person. Der andere spürt, was deine innere Einstellung zu ihm ist. Der Schlüssel zu verbesserter Verständigung ist persönliche Wertschätzung des Gesprächspartners. Jeder Mensch braucht Wertschätzung, und je besser das Selbstwertgefühl des anderen ist, desto besser verläuft die Kommunikation für beide.

Was heißt das für die tägliche Praxis? Jeder von uns hat ein gewaltiges Bedürfnis nach Anerkennung. Wann immer du eine nette Bemerkung, ein Lob, ein ehrlich gemeintes Kompliment in eine Kommunikation einbauen kannst, erhöht sich dadurch das Selbstwertgefühl des anderen. Jede Verbesserung des Selbstwertgefühls hilft, unsere Verständigung erfolgreicher zu gestalten.

Wertschätzung der Person und Anerkennung der Leistung wirken sich unweigerlich aus im Umgang miteinander.

E = Einfühlendes Verständnis

Wenn du wüßtest, was Gott schenken will und wer dich jetzt um Wasser bittet, dann hättest du *ihn* um Wasser gebeten, und er hätte dir lebendiges Wasser gegeben« (Johannes 4,10).

Die Lady von Sichar hatte keine blasse Ahnung, mit wem sie redete. Der komische Jude am Brunnen war für sie ein Rätsel. Das war ihr noch nie passiert, daß sie in der Mitte des Tages von einem Juden in ein Gespräch verwickelt wurde. Ihr Ruf veranlaßte sie, dann Wasser zu holen, wenn es am heißesten und alle anderen längst fertig waren.

Jesus führt in der Hitze des Tages ein heißes Gespräch! Er identifiziert ohne Umschweife die tieferen Bedürfnisse seiner Gesprächspartnerin. Er hätte mit ihr über politische oder theologische Belanglosigkeiten referieren können. Doch er hebt die Konversation sofort auf ein persönliches Niveau: »Wenn du wüßtest, was Gott schenken will . . .«

Eine tiefgründige Feststellung! Weißt *du* es? Weißt du Bescheid über das Geschenk Gottes? Bist *du* im Bild über die Tatsache, daß Vergebung unverdienbar ist?

Die Gabe Gottes ist lebendiges Wasser. Jesus redet zu der Frau nicht von abgestandenem Brunnenwasser, sondern vom ewigen Leben. Er sieht mehr als nur die äußere Tatsache, daß sie so wie er Durst hat. Er sieht ein viel umfassenderes Bedürfnis, den Durst der Seele.

Grundsatz zwei: *Optimal Kommunizieren heißt, die Bedürfnisse des anderen nicht mißachten!*

Als der Sohn Gottes sieht Jesus den Lebensfilm dieser Frau. Johannes schreibt: »Über die Menschen brauchte ihm keiner etwas zu sagen, denn er wußte genau über sie Bescheid« (Johannes 2,25). Erkenntnis schafft Verständnis. Der Nazarener verstand ihre Situation und ging auf ihr Grundbedürfnis ein.

Was bedeutet das praktisch? Uns fehlt natürlich der geistliche Röntgenblick des Sohnes Gottes. Aber erfolgreiche Kommunikation kann dann stattfinden, wenn wir im Gespräch bemüht sind, die Anliegen des anderen zu ergründen und auf sie Rücksicht zu nehmen. Es ist doch offensichtlich: Ein Gesprächspartner, der unsere Bedürfnisse anspricht, ist uns lieber als einer, dem es nur darum geht, seine eigenen Interessen zu befriedigen. Bei deiner nächsten verbalen Begegnung frage dich: Wie kann ich auf die Grund- oder die Geltungsbedürfnisse des anderen angemessen reagieren?

D = Demütige Liebe

»Du hast doch keinen Eimer«, sagt die Frau, »und der Brunnen ist tief. Woher willst du dann lebendiges Wasser haben? Unser Stammvater Jakob hat uns diesen Brunnen hinterlassen ... Du willst doch nicht sagen, daß du mehr bist als Jakob?« Jesus antwortete: »Wer dieses Wasser trinkt, wird wieder durstig. Wer aber von dem Wasser trinkt, das ich ihm gebe, wird niemals mehr Durst haben. Ich gebe ihm Wasser, das in ihm zu einer Quelle wird, die ewiges Leben schenkt« (Johannes 4,1-14).

Ziemlich barsch die Lady von Sichar. Wenn sie gewußt hätte, mit wem sie spricht! Genau das war ja der Clou an der Sache: Vor ihr steht einer, der größer ist als der Patriarch Jakob. Aber das ist ihr erst später bewußt geworden.

Vorerst einmal reagiert der Fremde unerwartet. Er zeigt demütige Liebe. Nichts von autoritärem Powerplay, nichts von einer arroganten Zurechtweisung. Ich an seiner Stelle hätte mich geärgert über den Affront der Madame. Ausgerüstet mit der Wunderkraft des Sohnes Gottes, hätte ich sie vermutlich mal so kurz im tiefen Brunnen verschwinden lassen, damit sie ein bißchen Taufwasser gurgelte und nachher den nötigen Respekt zeigte.

Jesus hatte das nicht nötig. Keine Selbstverteidigung, kein Gegenangriff, sondern ein Angebot: Nicht Trinkwasser bietet er ihr an, das hat sie schon, sondern etwas, was ihr seit langem fehlt: der permanente Durstlöscher, eine persönliche Beziehung zu dem, der lebendiges Wasser offeriert.

Grundsatz drei: *Optimal Kommunizieren heißt mit Liebe motivieren!*

Ich motiviere jemanden mit Liebe, indem ich eines seiner unbefriedigten Bedürfnisse anspreche und ihm zeige, durch welches Verhalten er dieses befriedigen kann. Liebe macht den Unterschied aus zwischen Motivation und Manipulation. Liebe motiviert, Ehrgeiz manipuliert.

Das nächste Mal, wenn du dich persönlich angegriffen fühlst, denke an diesen Grundsatz:

> Laßt kein giftiges Wort über eure Lippen kommen. Seht lieber zu, daß ihr für die anderen in jeder Lage das rechte Wort habt, das ihnen weiterhilft (Epheser 4,29).

E = Echte Ehrlichkeit

Bis zu diesem Punkt hat es allen Anschein, als ob die gute Frau den kuriosen Hebräer nicht ernstnahm. Seine wichtigen Aussagen gingen glatt an ihr vorbei. Sie nahm ihn auf die leichte Schulter. Das änderte sich jedoch schlagartig, als sie checkte, daß er peinliche Details über ihr Privatleben wußte:

Jesus forderte sie auf: »Geh und bring deinen Mann her!« »Ich habe keinen Mann«, sagte die Frau. Jesus erwiderte: »Es stimmt, wenn du sagst, daß du keinen Mann hast. Du warst fünfmal verheiratet, und der Mann, mit dem du jetzt zusammenlebst, ist gar nicht dein Mann« (Johannes 4,16-18).

Offenbar war das noch nicht alles. Im Verlauf des weiteren Gespräches wurde sie mit weiteren peinlichen Details über ihren Lebensstil konfrontiert:

Die Frau ließ ihren Wasserkrug stehen, ging ins Dorf und sagte zu den Leuten: »Kommt mit und seht euch den Mann an, der mir alles gesagt hat, was ich jemals getan habe!« (Johannes 4,28-29).

Mann, was für eine Unterredung!

Grundsatz vier: *Optimal kommunizieren heißt, der Konfrontation nicht ausweichen!*

Da liegt der wunde Punkt: So viele unserer Konversationen sind oberflächlich und seicht. Wenig Ehrlichkeit, wenig Transparenz und konfrontiert wird schon gar nicht, das ist einem zu riskant!

Leute, das muß sich ändern! Es ist ein Armutszeugnis, wenn jene, die von sich behaupten, sie hätten Vergebung in Christus erfahren, nicht ehrlich aufeinander zugehen können.

Braucht das Mut? Ist ein Risiko damit verbunden? Sicher. Sollen wir das nicht besser anderen überlassen? Welchen anderen? Wenn nicht du, wer sonst? Wem willst du den Schwarzen Peter zuspielen? Mut zum Risiko ist gefragt!

Da, wo wir das gegenseitige Selbstwertgefühl achten, unsere Bedürfnisse nicht mißachten, mit demütiger Liebe vorgehen und der nötigen Konfrontation nicht ausweichen, da baut unsere Kommunikation bleibende Beziehungs-Brücken.

Auf den Punkt gebracht: *Kommunikation ist nicht, was du sagst, sondern wie du es sagst und wie du verstanden wirst!!*

Hilfe zur Selbsthilfe:

Gesunde Verständigung ist der Rohstoff für Beziehungen, die Brücken bauen. Mache als erstes eine Standortbestimmung: Bitte jemanden, der dir nahesteht, deine Verständigungsfähigkeit zu beurteilen:

- ☐ Bedenklich
- ☐ Bedürftig
- ☐ Befangen
- ☐ Beeinflußbar
- ☐ Belebt
- ☐ Befriedigend
- ☐ Bewährt
- ☐ Beträchtlich
- ☐ Beispielhaft
- ☐ Bestaunenswert

Als nächstes werde ein bißchen konkreter. Bitte deinen Partner oder einen Freund, dir offen zu sagen, welche problematischen Verständigungsgewohnheiten du hast, und laß dir Korrekturvorschläge geben:

___ *Verschleierte Worte:* geheuchelt, unehrlich

___ *Verletzende Worte:* unüberlegt, unberechenbar

___ *Verurteilende Worte:* nörglerisch, kritisch

___ *Vernichtende Worte:* abschätzig, verächtlich

___ *Verschwenderische Worte:* Übertreibung, Bluff

Optimal Kommunizieren heißt:

1) Das Selbstwertgefühl des anderen achten:

Bitte deinen Partner oder einen Freund, dich in fünf Bereichen ehrlich zu kritisieren. Nimm dir vor, daß dir diese Kritik nichts ausmachen wird, weil du ja nicht vom Urteil anderer abhängig bist. Sage dir ruhig innerlich: Es ist ja nur eine Übung. Du wirst spätestens nach dem dritten Punkt merken, daß deine Stimmung beträchtlich gesunken ist. Du wirst dich dabei ertappen, daß du ärgerlich wirst und dich verteidigen möchtest.

Lies Lukas 12,6-7 und beschließe, daß du dich vermehrt bemühen wirst, das Selbstwertgefühl von anderen zu stärken, indem du folgende Schritte unternimmst:

_____

_____

_____

_____

2) Die Bedürfnisse des anderen nicht mißachten:

Um die Anliegen des anderen beachten zu können, muß ich sie natürlich kennen. Und um sie zu kennen, muß ich mich mit ihnen auseinandersetzen! Übung:

Erstelle eine Liste diverser menschlicher Bedürfnisse. Denke dabei nicht nur an die eigenen, sondern auch an die anderer. Wenn Status für dich wenig Gewicht hat, so denke daran, daß manche Leute ein sehr starkes Geltungsbedürfnis haben. Die Grundforderungen, wie essen und schlafen etc., und die sogenannten höheren Bedürfnisse, wie der Wunsch, gute Musik zu hören oder ein spannendes Buch zu lesen, sollten miteingeschlossen sein:

1. _____ 2. _____ 3. _____

4. _____ 5. _____ 6. _____

7. _____ 8. _____ 9. _____

3) Mit Liebe motivieren:

Studiere Johannes 13,1-17; 15,9-17 und 1. Johannes 3,16-24. Notiere dir je eine Anwendung, die sich in der Verständigung mit anderen praktisch umsetzen läßt.

4) Der Konfrontation nicht ausweichen:

Deine Kommunikations-Fähigkeit und persönliche Reife ist unter anderem auch daran meßbar, wie du mit heiklen Situationen umzugehen weißt. Mit wem hättest du schon lange eine Beziehungs-Blockade bereinigen sollen? Gehe hin und tue es!

Jetzt bist Du dran:

Theoretisieren ist einfacher als praktizieren.
Wie weit das, was du soeben gelesen hast,
deinen Umgang mit anderen wirklich
verändert, das hängt jetzt von
dir ab. Wenn du berichten
willst, wie dieses Buch
dir dabei geholfen
hat, freu ich
mich, von dir
zu hören.

Harry Müller
Postfach 455
CH 8047 Zürich

Ein heißer Tip:

Wenn dir dieser Leitfaden geholfen hat, gib dem
Hauskreis-Koordinator deiner Gemeinde ein Exem-
plar und schlage ihm vor, während acht Wochen die
einzelnen Themen mit den Projekten in den Hauszel-
len zu bearbeiten. Ich wünsche dir und deiner Gemeinde viel Spaß dabei und den Mut zu einem echten
Abenteuer.

Kontaktadressen:

Deutschland:

Deutsche Gesellschaft für
Biblisch-therapeutische Seelsorge
Justinus-Kerner-Weg 1
D-71394 Kernen-Stetten
Tel. 0 71 51 / 4 45 80

Schweiz:

Schweizerische Gesellschaft für
Biblisch-therapeutische Seelsorge
Ländli
CH-6315 Oberägeri
Tel. 042 / 72 99 69